Günter Schenk

Y|TRIP
PEN
ENT

. VERPASSEN!

7 LIEBFRAUENKATHEDRALE, ANTWERPEN [I E6]

Mit ihrem über 100 m hohen Turm ist sie das unübersehbare Wahrzeichen der Stadt. Außerdem beherbergt sie zwei der wichtigsten Werke Rubens' (s. S. 56).

9 GROTE MARKT, ANTWERPEN [I E6]

Einer der attraktivsten Plätze Belgiens ist gesäumt von prachtvollen Bauten. Blickfang ist das spätgotische Rathaus (s. S. 57).

15 MUSEUM AAN DE STROOM, ANTWERPEN [I F5]

Antwerpens jüngste Touristenattraktion erzählt Geschichte. Flanderns wichtigster Museumsneubau lockt zahlreiche Besucher in das neue Szeneviertel 't Eilandje um Bonaparte- und Willemdock (s. S. 63).

20 ROEZENHOEDKAAI, BRÜGGE [II E7]

Die Bilderbuchpromenade der Stadt erlaubt einen einmaligen Blick auf das beeindruckende Stadtpanorama. Hier starten auch die meisten Kanalrundfahrten ins „Venedig des Nordens" (s. S. 69).

21 GROENINGE MUSEUM, BRÜGGE [II D8]

Flämische Malerei vom Feinsten, Brügges erste Adresse für alle Freunde alter Kunst! Bilder von Hans Memling, Jan van Eyck oder Hugo van der Goes geben Einblick in die Welt von einst (s. S. 72).

23 BEGINENHOF, BRÜGGE [II D9]

Diese kleine Siedlung entführt den Besucher in die mittelalterliche Welt der Beginen, einer spirituell geprägten Frauengemeinschaft, die sich jahrhundertelang um Arme und Kranke kümmerte (s. S. 73).

27 GENTER ALTAR IN ST. BAVO [III F5]

Das spätmittelalterliche Altarbild in St. Bavo, dessen Geschichte ganze Bücher füllt, fasziniert bis heute. Von einem „köstlich Gemähl" schwärmte schon Dürer (s. S. 79).

29 BELFRIED, GENT [III E5]

Ein Kupferdrache wacht seit Jahrhunderten über dem Wahrzeichen der Stadt. Von oben bietet sich ein wunderbarer Blick auf zahllose Türme Gents, dem „Manhattan des Mittelalters" (s. S. 82).

34 BURG GRAVENSTEEN, GENT [III D4]

Flanderns ritterlicher Vorzeigepalast! Die Burg der Grafen gilt als Kulisse des ersten Parzival-Romans. Ein Movieguide führt den Besucher in die Ära der Kreuzzüge (s. S. 85).

Leichte Orientierung mit dem cleveren Nummernsystem

Die Sehenswürdigkeiten der Stadt sind zum schnellen Auffinden mit **fortlaufenden Nummern** versehen. Diese verweisen auf die ausführliche Beschreibung **im Kapitel „Flandern entdecken"** und zeigen auch die genaue Lage **im Stadtplan.**

IMPRESSUM

Günter Schenk
CityTrip Antwerpen, Brügge, Gent

erschienen im
Reise Know-How Verlag Peter Rump GmbH,
Osnabrücker Str. 79, 33649 Bielefeld

3., neu bearbeitete und komplett aktualisierte Auflage 2011

ISBN 978-3-8317-2097-2
Printed in Germany

Herausgeber und Gestaltungskonzept: Klaus Werner
Lektorat: amundo media GmbH
Layout: Günter Pawlak (Umschlag), Anna Medvedev (Inhalt)
Fotos: der Autor (gs)
Karten: Ingenieurbüro B. Spachmüller, amundo media GmbH
Druck und Bindung: Media-Print, Paderborn

Dieses Buch ist erhältlich in jeder Buchhandlung Deutschlands, der Schweiz, Österreichs, Belgiens und der Niederlande. Bitte informieren Sie Ihren Buchhändler über folgende Bezugsadressen:

Deutschland: Prolit GmbH, Postfach 9, D-35461 Fernwald (Annerod) sowie alle Barsortimente
Schweiz: AVA-buch 2000, Postfach, CH-8910 Affoltern
Österreich: Mohr Morawa Buchvertrieb GmbH, Sulzengasse 2, A-1230 Wien
Niederlande, Belgien: Willems Adventure, www.willemsadventure.nl

Wer im Buchhandel trotzdem kein Glück hat, bekommt unsere Bücher auch über unseren Büchershop im Internet: **www.reise-know-how.de**

Alle Informationen in diesem Buch sind vom Autor mit größter Sorgfalt gesammelt und vom Lektorat des Verlages gewissenhaft bearbeitet und überprüft worden.

Da inhaltliche und sachliche Fehler nicht ausgeschlossen werden können, erklärt der Verlag, dass alle Angaben im Sinne der Produkthaftung ohne Garantie erfolgen und dass Verlag wie Autor keinerlei Verantwortung und Haftung für inhaltliche und sachliche Fehler übernehmen.
Die Nennung von Firmen und ihren Produkten und ihre Reihenfolge sind als Beispiel ohne Wertung gegenüber anderen anzusehen.

Qualitäts- und Quantitätsangaben sind rein subjektive Einschätzungen des Autors und dienen keinesfalls der Bewerbung von Firmen oder Produkten.

Wir freuen uns über Kritik, Kommentare und Verbesserungsvorschläge: info@reise-know-how.de

007fl Abb.: gs

INHALT

EXKURSE ZWISCHENDURCH

BENUTZUNGSHINWEISE

CITY-FALTPLAN

Die im Buch beschriebenen Örtlichkeiten wie Sehenswürdigkeiten, Restaurants, Hotels usw. sind mit Symbol und Nummer im Kartenmaterial eingetragen.

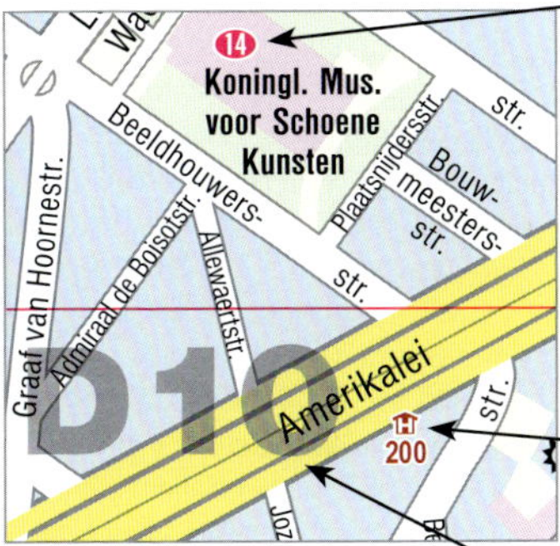

Ortsmarken mit fortlaufender Nummer, aber ohne Angabe des Planquadrats liegen außerhalb des im Buch abgebildeten Kartenmaterials. Sie können aber wie alle im Buch beschriebenen Örtlichkeiten leicht in unseren speziell aufbereiteten Internet-Karten lokalisiert werden (siehe hintere Umschlagklappe).

ORIENTIERUNGSSYSTEM

Zur schnelleren Orientierung tragen alle Hauptsehenswürdigkeiten und Lokalitäten die gleiche Nummer sowohl im Text als auch im Kartenmaterial:

14 Die Hauptsehenswürdigkeiten werden im Abschnitt „Flandern entdecken" beschrieben und mit einer fortlaufenden magentafarbenen Nummer gekennzeichnet, die auch im Kartenmaterial eingetragen ist.

Stehen die Nummern im Fließtext, verweisen sie auf die jeweilige Beschreibung der Sehenswürdigkeit im Kapitel „Flandern entdecken".

200 Mit Symbol und fortlaufender Nummer werden die sonstigen Lokalitäten wie Cafés, Geschäfte, Hotels, Infostellen usw. gekennzeichnet.

[I D10] Die Angabe in eckigen Klammern verweist auf das Planquadrat im jeweiligen Cityatlas oder der entsprechenden Blattschnittkarte, in diesem Beispiel auf das Planquadrat D10 im Cityatlas I (Antwerpen).

BEWERTUNG DER SEHENSWÜRDIGKEITEN

★★★ auf keinen Fall verpassen
★★ besonders sehenswert
★ wichtige Sehenswürdigkeit für speziell interessierte Besucher

DER AUTOR

In einer der ältesten europäischen Kulturlandschaften fühlt sich der Reisejournalist **Günter Schenk** besonders wohl. Immer wieder führten ihn seine Wege nach Flandern, dessen fast mediterrane Lebenslust ihn auch zu diesem CityTrip-Band inspirierte. Für ihn sind Antwerpen, Brügge und Gent ein Stück europäischer Identität, Metropolen einer lebendigen Geschichte, deren Vergangenheit heute ihre Zukunft bestimmt.

Der ehemalige Fernsehredakteur arbeitet als freier Reisejournalist für renommierte deutschsprachige Zeitungen und Magazine wie „GEOSaison", „Südwestpresse", „Westdeutsche Allgemeine Zeitung", „Rhein-Main-Presse", „Badische Zeitung" oder „Münchner Merkur". Im Reise Know-How Verlag erschienen in der gleichen Reihe seine CityTrip-Bände „Liverpool", „Brüssel", „Rotterdam" und „Vilnius und Kaunas" („Heidelberg" ist in Vorbereitung), außerdem der PRAXIS-Band „Europas schönste Feste erleben", ein Führer zu den interessantesten Festen Europas.

SCHREIBEN SIE UNS

Dieser CityTrip ist gespickt mit Adressen, Preisen, Tipps und Infos. Nur vor Ort kann überprüft werden, was noch stimmt, was sich verändert hat, ob Preise gestiegen oder gefallen sind, ob ein Hotel, ein Restaurant immer noch empfehlenswert ist oder nicht mehr usw. Unsere Autoren sind zwar stetig unterwegs und erstellen alle zwei Jahre eine komplette Aktualisierung, aber auf die Mithilfe von Reisenden können sie nicht verzichten.

Darum: Schreiben Sie uns, was sich geändert hat, was besser sein könnte, was gestrichen bzw. ergänzt werden soll. Wenn sich die Infos direkt auf das Buch beziehen, würde die Seitenangabe uns die Arbeit sehr erleichtern. Gut verwertbare Informationen belohnt der Verlag mit einem Sprechführer Ihrer Wahl aus der über 220 Bände umfassenden Reihe „Kauderwelsch".

Bitte schreiben Sie an:
Reise Know-How Verlag Peter Rump GmbH, Postfach 140666, D-33626 Bielefeld, oder per E-Mail an: info@reise-know-how.de

Danke!

Latest News

Unter **www.reise-know-how.de** werden regelmäßig aktuelle Ergänzungen und Änderungen der Autoren und Leser zum vorliegenden Buch bereitgestellt.
Sie sind auf der Produktseite dieses CityTrips abrufbar.

AUF INS VERGNÜGEN

001fl Abb.: gs

Langeweile wird bei einem Kurzurlaub in Flandern niemals aufkommen, bieten doch Antwerpen, Brügge und Gent für jeden etwas. Kunst- und Kultursuchende kommen dank vieler neuer Museen auf alle Fälle auf ihre Kosten, aber auch Einkaufsbummler und Freunde guten Essens und Trinkens sind in Flandern bestens aufgehoben.

FLANDERNS STÄDTE AN EINEM (VERLÄNGERTEN) WOCHENENDE

Wer nur ein verlängertes Wochenende oder ein paar Tage im Rahmen einer Belgienreise zur Verfügung hat, sollte sich bereits im Vorfeld entscheiden, was ihm am Herzen liegt. Kunst und Kultur wie in Brügge, Großstadtatmosphäre wie in Antwerpen – oder ein bisschen von beidem wie in Gent. Auf alle Fälle sollte man immer direkt in den Innenstädten nächtigen, was lange Anfahrten und eine zeitraubende Parkplatzsuche vermeidet und auch abends noch einen gemütlichen Kneipenbummel erlaubt.

Die folgende Wochenendreise dauert drei Tage. Wenn man die Reise freitags starten und ausgiebig shoppen will, sollte man den Reiseverlauf umdrehen, damit man sonntags in Antwerpen nicht vor verschlossenen Geschäften steht.

◄ *Vorseite: Gaukler auf dem Marktplatz 17 in Brügge*

1. TAG: BRÜGGE

Am besten startet man das „Abenteuer Flandern" in Brügge. Empfehlenswert ist ein Hotel im Herzen der Innenstadt, dann ist es nur ein Katzensprung zu allen wichtigen Sehenswürdigkeiten. Dazu gehören der Marktplatz mit dem Belfried 17, die Heilig-Blut-Basilika 18, die Liebfrauenkirche 22 und der Beginenhof 23. Und wie zu Venedig eine Gondelfahrt gehört auch zum „Venedig des Nordens" eine **Fahrt durch die Grachten** (s. S. 76) Allerdings sollte man entweder gleich frühmorgens oder erst spätmittags zur Bootstour antreten, da sonst oft lange Wartezeiten an den Anlegestellen drohen.

Allen Freunden der Kultur sei nachmittags eine **Stippvisite in einem der großen Kunsttempel** wie Memling- oder Groeninge Museum 21 empfohlen. Wer mit Kindern unterwegs ist, hat sicher mehr Spaß im Schokoladenmuseum (s. S. 39) oder im Pommes-frites-Museum (s. S. 39).

Nach dem Abendessen gilt es, gemütlich bummelnd die andere Seite Brügges kennenzulernen, wenn die **Promenaden entlang der Grachten** ihren besonderen Zauber entfalten. Vielleicht lassen Sie den Tag in einer der kleinen Kneipen ausklingen, bei einem belgischen Bier, das noch mehr Lust auf Flandern macht.

2. TAG: GENT

Nach dem Frühstück ist es nur eine knappe Auto- oder Eisenbahnstunde nach Gent, das auf dem Weg nach Antwerpen liegt. Kunstfreunde steuern am besten gleich die beiden **Museen im Süden der Stadt** an, das Städtische Museum für zeitgenössische Kunst (S.M.A.K., s. S. 40) und das gegenüberliegende Museum für Schöne Künste 41. Auf dem Weg in die Innenstadt lohnt sich ein Zwischenstopp im neuen Stadtmuseum STAM (s. S. 41), das einen einmaligen Überblick über die Geschichte Gents gibt. In der Altstadt sind Burg Gravensteen 34, die Uferpromenaden Korenlei und Graslei 35, Belfried 29 und die Bavo-Kathedrale 27 mit dem berühmten „Genter Altar" die touristischen Höhepunkte.

Das Auto brauchen sie in der Stadt auf keinen Fall, ist die Innenstadt doch fast eine einzige Fußgängerzone. Wer will, kann in Gent übernachten, vielleicht im einladenden Marriott-Hotel mitten im historischen Zentrum, oder gleich weiter nach Antwerpen fahren. An abendlichen Attraktionen, vom Kneipenbummel bis zum Theaterbesuch, mangelt es heute keiner der beiden Städte mehr.

3. TAG: ANTWERPEN

Rund eine Stunde dauert die Fahrt von Gent nach Antwerpen – gleich ob mit Auto oder dem Zug. Den Bummel durch die flämische Metropole startet man am besten im Viertel um Grote Markt 9 und Liebfrauenkathedrale 7. Eine Stippvisite am Schelde-Ufer sollte ebenfalls drin sein, dann aber heißt es ab in das **Modeviertel rund um die Nationalestraat** 11 – oder man flaniert über die wichtigste Einkaufsachse der Stadt, die Meir 4, Richtung Bahnhof 1. Der Weg zum sehenswerten **Hauptbahnhof** führt auch nah am Rubenshaus 5 vorbei, eine der ersten Museumsadressen der Stadt.

Mittags geht es ins **Szeneviertel im Süden Antwerpens** 13, wo sich große Museen und Galerien finden. Eine Alternative bei schönem Wetter wäre

ALLGEMEINE PLANUNGSHINWEISE

- Antwerpen, Brügge und Gent lassen sich gut **im Rahmen eines sommerlichen Strandurlaubs** an der Nordsee erkunden. So bieten sich Schlechtwettertage für Kurzausflüge in die flandrischen Metropolen an. Von Brügge etwa ist es nicht einmal eine halbe Autostunde zu den weiten Sandstränden der belgischen Küste – nach Ostende, Blankenberge oder Knokke. Und vor den Toren Südhollands mit seinen Meereslandschaften liegt Antwerpen, die neben Brüssel wichtigste Einkaufsadresse Flanderns.
- **Brügge** sollte man **zu Hauptsaisonzeiten und an einschlägigen Wochenenden (z. B. Pfingsten) meiden,** denn an diesen Tagen wird der Ort von Besuchern überlaufen. Freunde romantischer Zweisamkeit sollten dies bedenken, sie kommen im Winter eher auf ihre Kosten. Dann locken die Hotels zudem oft mit Rabatten.
- **Gent** ist ein **klassisches Ganzjahresziel.** Besonders lebendig wirkt die Stadt während der Gentse Feesten Mitte Juli, wenn zehn Tage lang Open-Air-Party angesagt ist und Zehntausende meist junger Menschen die City bevölkern. Besonders abends ist Gent eine Reise wert, wenn die schönsten Häuser und Plätze der Innenstadt festlich erleuchtet sind.
- Wer **Großstadtatmosphäre** schnuppern will, sollte seinen Reiseschwerpunkt auf **Antwerpen** legen. Hier locken die großen Businesshotels am Wochenende, wenn die Geschäftsleute fehlen, mit satten Preisabschlägen. Allerdings haben die Geschäfte in der Regel sonntags geschlossen, was Einkaufsbummler bedenken sollten.

eine **Rundfahrt durch Europas zweitgrößten Hafen**. Abends locken Restaurants oder ein Besuch in einem der Theater oder dem Opernhaus, für das man freilich rechtzeitig Karten organisieren sollte.

ZUR RICHTIGEN ZEIT AM RICHTIGEN ORT

Die Lebenslust der Flamen spiegelt sich auch in ihrem Festkalender: Im Sommer vergeht kein Wochenende, an dem nicht irgendwo gefeiert wird. Manche Angebote wie der nur alle fünf Jahre stattfindende Umzug des Goldenen Baums in Brügge sind ganz auf Touristen zugeschnitten, andere wie die Heilig-Blut-Prozession Ausdruck jahrhundertealter Volksfrömmigkeit. Publikumsrenner sind der Rubensmarkt zu Mariä Himmelfahrt in Antwerpen, die Gentse Feesten im Juli und die nur alle vier Jahre stattfindenden Reiefeesten in Brügge.

010fl Abb.: gs

FRÜHLING

- **Brügge: Cinemanovo Filmfestival.** Independentfilme aus Afrika, Asien und Lateinamerika (März, www.cinemanovo.be).
- **Gent: Genter Floralien.** Belgiens größte Blumen- und Gartenschau (alle fünf Jahre im April, nächstes Mal 2015, www.floralien.be).
- **Brügge: Heilig-Blut-Prozession (Christi Himmelfahrt).** Religiöser Umgang mit großer Tradition (Mai, Exkurs s. S. 70, www.holyblood.com).

SOMMER

- **Brügge: Visserijfeesten.** Traditionelles Fest im Vorort Zeebrugge mit Straßentheater, Fischmarkt, Ausstellungen, Hafenrundfahrt, Meeressegnung (Ende Juni).
- **Brügge: Cactus Music Festival.** Freiluftfestival im Minnewaterpark mit internationalen Stars (Juli, www.cactusmusic.be).
- **Gent: Gentse Feesten.** Zehntägiges Volksfest in der Innenstadt, mit zwei Millionen Besuchern jährlich das größte Kulturereignis der Region zum Nulltarif. Täglich Livekonzerte auf allen großen Plätzen der Stadt, Open-Air-Discos, Comedy, Puppentheater usw. (Mitte Juli, www.gentsefeesten.be).
- **Gent: Patersholfeesten.** Straßenfest im Szeneviertel Patershol, Musik und Tanz fast rund um die Uhr (Anfang August, www.patershol.org).
- **Antwerpen: Rubensmarkt.** Die ganze Innenstadt ist ein einziger Markt, großer Rummel (15.8., www.antwerpen.be).
- **Brügge: Umzug des Goldenen Baumes.** Belgiens vielleicht schönster, historischer Umzug. (alle fünf Jahre im August, nächster Termin: 2012, Exkurs s. S. 11).

◄ *Brügge: Umzug des Goldenen Baumes*

OHNE BRILLE, UHR UND HANDY – DER „UMZUG DES GOLDENEN BAUMES“ IN BRÜGGE

Gleich kiloweise landet die Schminke auf der Haut. Ein gutes Dutzend Männer und Frauen färben seit Stunden Gesichter. Schlichte Büromenschen werden auf diese Weise „geadelt“, verwandeln sich in Herzog und Prinzessin, Kaiser und Königin. Aus Arbeitern werden burgundische Höflinge, aus Schulmädchen flandrische Kammerzofen. Auf meterhohen Stelzen erscheinen Gaukler und fahrendes Volk, Jongleure und Artisten, die mittelalterlichen Wegbereiter moderner Unterhaltungskunst.

*Schwer haben die Krieger an ihren Schilden zu schleppen, die Ritter an ihren Kettenhemden. Zum Leidwesen der **Fahnen- und Standartenträger,** deren Flaggen meist einen Löwen zeigen, Flanderns Wappentier, bläst ein kräftiger Wind vom Meer her. Die frische Brise treibt auch **Sänger und Tänzer,** die viele Wochen für den großen Tag geprobt haben. Immer wieder halten sie inne, geben ein Ständchen oder erfreuen mit einem Reigen. Vom Straßenrand, wo die Menschen in Zweier- und Dreierreihen auf gemieteten Stühlen sitzen, wird das mit Beifall belohnt.*

*Alle fünf Jahre spielt Brügge große Geschichte. Beim „Umzug des Goldenen Baumes“ lebt seine Glanzzeit noch einmal auf, findet die **Vermählung der Prinzessin Margaretha von York,** der Schwester des englischen Königs, **mit dem Burgunder-Herrscher Karl dem Kühnen** ihre Neuauflage. Im silbernen, edelsteinbesetzten Brokat zog die Braut im Sommer 1468 in Brügge ein. Die Hofdamen der damals 22 Jahre alten Auserwählten kamen auf weißen Pferden und großen Wagen mit den Wappen von England und Burgund.*

*Unbeschreiblicher Prunk machte die Vermählung zu einer **Bilderbuchhochzeit.** Aus ganz Europa waren Diplomaten und Wirtschaftslenker angereist, die sich von Karls dritter Ehe einiges versprachen. So kamen die Venezianer standesgemäß in Rot, die Florentiner in Weiß, die Spanier in Violett, schließlich noch hundert Hanseaten, die der Hansestadt Brügge ihre Ehre erweisen wollten. Unter Glockengeläut zog die Gesellschaft durch die mit Triumphbögen geschmückte Stadt. „Man kann sicher sein“, schrieb der Organisator des Festes, „dass die Bürger von Brügge noch ihren Kindern und Kindeskindern von den Wundern dieser Tage erzählen“.*

*Ein halbes Juhrtausend später inszenierte man das Fest aufs Neue und legte so den Grundstock für **Belgiens wichtigstes Historienspiel.** Gut 2000 Akteure sind es inzwischen, die dem Spektakel Leben einhauchen: Reiter, Fahnenträger, Musiker, Sänger und viele Hundert Tänzer und Tänzerinnen, die für choreografische Einlagen sorgen. Dazu kommt ein gutes Dutzend Festwagen.*

„Bitte nehmen Sie die Brille von der Nase“, mahnt einer der Organisatoren die Festzugteilnehmer. Armbanduhren haben in der Tasche zu verschwinden, Handys sowieso, denn in Brügge nimmt man Geschichte ernst. Schließlich waren es Historiker, die die Nachstellung des Hochzeitszugs als anschaulichen Geschichtsunterricht planten.

- **Antwerpen: Zomer van Antwerpen.** Riesiges Straßenfestival am Schelde-Ufer, viel Musik und Theater (Juli/August, www.zomervanantwerpen.be).
- **Brügge: Reiefeesten.** Entlang seiner Kanäle (Reien) spielen Brügges Bürger auf ausgewählten Plätzen in historischen Kostümen Stadtgeschichte nach (alle vier Jahre im August, nächster Termin 2013, www.reiefeest.be).

HERBST, WINTER

- **Antwerpen: Laundry Day.** Dance-Festival im alten Hafenviertel 't Eilandje (Anfang September, www.laundryday.be).
- **Gent: Internationales Filmfestival Flandern.** Flanderns wichtigster Cineastentreff (Oktober, www.filmfestival.be).
- **Brügge: Choco-Laté.** Festival der Schokoladen-Skulpteure (November, www.choco-late.be)
- **Gent: Sechstagerennen.** Belgiens populärer Radsportklassiker mit internationaler Beteiligung (November).
- **Antwerpen, Brügge, Gent: Weihnachtsmärkte** (Dezember). In Gent ist die Sint-Baafsplein 28 weihnachtlicher Anziehungspunkt, hier bilden rund fünfzig Hütten ein kleines Weihnachtsdorf. Im Schatten der Liebfrauenkathedrale 7 stimmt sich Antwerpen auf das Fest ein. Und mit gleich zwei Weihnachtsmärkten auf dem Markt 17 und dem Simon-Stevin-Plein [II D7] wartet Brügge auf.

ALLGEMEINE FEIERTAGE

- 1. Januar: Neujahr
- Ostersonntag und -montag
- 1. Mai: Tag der Arbeit
- Christi Himmelfahrt
- Pfingstsonntag und -montag
- 11. Juli: Feiertag der Flämischen Gemeinschaft
- 21. Juli: Belgischer Nationalfeiertag
- 15. August: Mariä Himmelfahrt
- 1. November: Allerheiligen
- 11. November: Gedenktag zum Ende des Ersten Weltkriegs (11.11.1918)
- 25. Dezember: Weihnachten

FLANDERN FÜR CITYBUMMLER

Citybummler kommen in Flandern immer auf ihre Kosten! So lockt **Antwerpen** als **Hafen-, Kunst- und Modemetrople mit fast 2000 Cafés und Restaurants.** Viele ballen sich um die Liebfrauenkathedrale 7 in der Innenstadt. Wer ausgehen will, ist aber längst nicht mehr auf das Kneipenviertel um Belgiens größtes Gotteshaus angewiesen. Mit Het Zuid 13 im Süden und 't Eilandje 15 im Norden gibt es inzwischen zwei neue In-Viertel, die vor allem an heißen Sommerabenden aus allen Nähten platzen. Auch Kunstfreunde sind in diesen Quartieren gut aufgehoben. So finden sich im Süden das renommierte Königliche Museum für Schöne Künste 14 und das Museum für Gegenwartskunst (MuHKA, s. S. 39). Im Norden locken Willem- und Bonapartedock, zwischen denen seit Kurzem Antwerpens modernstes Museum, das Museum aan de Stroom (MAS) 15, ein mehr als 50 Millionen teurer Museumsbau, der auf 1500 Quadratmetern von der jahrhundertealten Besiedlung am Strom erzählt, Besuchern offen steht.

Einkaufsbummler haben die Qual der Wahl: Wer exklusive Kleidung sucht, sollte sich in den Boutiquen rund um das Modemuseum (s. S. 38)umsehen. Die gängigen Markenboutiquen und Labels finden sich

DAS GIBT ES NUR IN FLANDERN

- *__Waterzooi:__ Ein Eintopf ist das Lieblingsgericht vieler Flamen. Was einst als Armeleuteessen galt, ist heute salonfähig. In Gent wird Waterzooi in vielen Lokalen serviert, mal traditionell mit Fisch, meist aber mit Huhn oder Fleisch (s. S. 21). Unbedingt einmal probieren!*
- *__ModeNatie__ ⓫: Ein ganzes Haus nur für Mode! Boutique, Bibliothek, Buchshop und Museum geben Einblick in aktuelle Trends und Entwicklungen der Modebranche. Wer wissen will, warum Antwerpen in Sachen Mode inzwischen zusammen mit New York, London, Paris und Mailand genannt wird, erfährt es hier.*
- *__Rubenshaus__ ❺: Besuch beim Meister des flämischen Barock. Liebevoll hat man sein Wohnhaus, Atelier und Garten wieder aufgebaut. Wer Peter Paul Rubens und einige seiner Bilder näher kennenlernen will, ist hier an der richtigen Stelle.*
- *__Heilig-Blut-Prozession:__ Flämische Volksfrömmigkeit vom Feinsten! Einmal jährlich tragen die Bürger Brügges ihre Heilig-Blut-Reliquie durch die Straßen, einen alten Schrein von unschätzbarem Wert. Die Prozession an Christi Himmelfahrt krönt das Festleben der Stadt (Exkurs s. S. 70).*
- *__Memlingmuseum mit Ursula-Schrein__ (s. S. 39): Eines der ältesten Hospitäler Europas bildet in Brügge die ungewöhnliche Kulisse für die Werke des flämischen Malers Hans Memling. Der von ihm geschaffene Ursula-Schrein gehört zu den schönsten religiösen Kunstwerken der Welt.*
- *__Veggiestadt Gent:__ Jeden Donnerstag verzichtet Gent auf den Genuss von Fleisch! Kantinen und Hochschulmensen servieren dann meist Gemüse. Auch rund hundert Restaurants beteiligen sich an der weltweit beachteten Aktion (Exkurs s. S. 22).*

entlang der Meir ❹, der breiten Einkaufsmeile zwischen Hauptbahnhof und Liebfrauenkathedrale. Glanzlichter im wahrsten Sinn des Wortes sind der Stadsfeestzaal (s. S. 15), eines der **Aushängeschilder belgischer Shoppingkultur**, und das neue Paleis op de Meir, ein prächtiger Rokokopalast. Wer dagegen ein stilleres Plätzchen sucht, findet mit dem Stadspark [I G8] eine kleine Oase mitten im Häusermeer.

Mit dem Minnewaterpark und dem angrenzenden Beginenhof ㉓ besitzt auch **Brügge** eine kleine grüne Lunge. Wer im „Venedig des Nordens“ aber wirklich Ruhe sucht, muss den Stadtkern verlassen. Millionen Besucher nämlich stillen hier auf engstem Raum jährlich ihren Hunger nach Geschichte. Brügge ist ein Gesamtkunstwerk, **das seinen Reiz aber vor allem nachts entfaltet**, wenn warmes Lampenlicht den Grachten mit ihren Brücken und anliegenden Häusern eine besondere Atmosphäre verleiht. Da mischen sich Melancholie und Romantik, eine Stimmung, von der sich Maler und Literaten über Jahrhunderte inspirieren ließen.

Wie die Gondelfahrt zu Venedig gehört auch in Brügge eine **Bootstour** zu den Höhepunkten (s. S. 76). Wer jedoch das echte Brügge spüren will, muss sich in die **Viertel am Stadtrand** aufmachen, in schmale Seitengassen eintauchen, die nicht von Schokoladenläden und Souvenirgeschäften dominiert werden. Ecken, die wirklich zum Bummeln, nicht zum permanenten Shoppen einladen.

Die vielleicht **interessanteste Stadt für alle Citybummler** könnte **Gent** sein, weil sie nicht wie Brügge touristisch herausgeputzt oder wie Antwerpen von internationalem Flair geprägt ist. Gent ist Belgien pur! Eine Stadt, in der die Einheimischen den Ton angeben, nicht die Touristen wie in Brügge, auch nicht Handel und Wirtschaft wie in Antwerpen. Citybummler fühlen sich in einer der größten Fußgängerzonen Belgiens besonders aufgehoben. Sie umfasst fast den ganzen historischen Kern des „Manhattan des Mittelalters", wie Gent wegender vielen Kirchtürme oft genannt wird.

Neben dem Vrijdagmarkt 32 ist der Sint-Baafsplein 28 der wichtigste Treffpunkt der Stadt, an dessen Enden der mächtige Belfried und die Kathedrale St. Bavo stehen. Von seiner Bilderbuchseite aber zeigt sich Gent an seinen **Uferpromenaden Korenlei und Graslei** 35. Hier treffen sich die Citybummler zu einem Espresso oder einem belgischen Bier und hier starten auch die Boote zu ihren Rundfahrten vorbei an den wichtigsten Zeugen der Stadtgeschichte wie der Burg Gravensteen 34.

Wer das Herz des modernen Gent spüren will, muss freilich in den Süden der Stadt, ins **Universitätsviertel** 40, wo sich kleine Cafés, Kinos und Geschäfte ballen. Zehntausende von Studenten haben dem Quartier in den letzten Jahren vor allem abends neues Leben eingehaucht.

FLANDERN FÜR KAUFLUSTIGE

Als Einkaufsstadt empfiehlt sich vor allem Antwerpen, das nicht nur Nordeuropas führende Modemetropole ist, sondern mit der Meir auch Belgiens meist besuchte Einkaufsstraße bietet. Brügge hat seine Angebote vor allem auf Touristen abgestellt, die meist kleineren Läden bieten hier Mitbringsel für jeden Geschmack und zu jedem Preis an, freilich oft mehr Kitsch als Kunst.

Seit der Euro auch in Belgien gilt, haben sich die Preise für Konfektionswaren von der Stange, für viele Lebensmittel und andere Dinge des täglichen Bedarfs europaweit angepasst. Allerdings finden sich im vielfältigen Angebot immer wieder einmal preiswerte Schnäppchen, vor allem im Januar und Juli, wenn im Rahmen von Rabattaktionen zum Winter- und Sommerschluss die Preise kräftig gesenkt werden.

ANTWERPEN

Antwerpens Shoppingdreieck erstreckt sich zwischen Hauptbahnhof 1, Groenplaats 6 und dem Museumsviertel im Süden 13. **Zentrale Einkaufsachse** ist die **Meir** 4. Die 1257 erstmals erwähnte Straße galt schon im 16. Jahrhundert als eine der wichtigsten Verkehrsadern der Stadt. Zu beiden Enden wird sie heute von den Metro-Stationen Opera und Meir begrenzt. Auf ein paar Hundert Metern Fußgängerzone dazwischen finden sich fast alle großen Ladenketten Europas, dazu Buchhandlungen, Einrichtungshäuser, Drogerien und gastronomische Betriebe. Zu einem Großteil finden sich die Läden hinter historischen Fassaden in aufgemotzten Prachtbauten aus der Zeit um die vorletzte Jahrhundertwende.

Auf jeden Fall sollte man an der Meir einen Abstecher in den **Stadsfeestzaal (Stadtfestsaal)** machen. Früher diente der 1908 erbaute neoklassizistische Saal als Ausstellungsraum oder als Kulisse für Autosalons und Antikmöbelbörsen, heute ist er ein Luxuskaufhaus. Wenig weiter lockt das renovierte **Paleis op de Meir.** Ein alter Kaufmannspalast, in dem heute der bekannte Chocolatier Dominique Persoone seine Zelte aufgeschlagen hat und wo man den Schoko-Künstlern bei ihrer Arbeit zusehen kann.

Interessante kleine Geschäfte finden sich auch in den umliegenden Gassen – vor allem im sogenannten „Quartier Latin“ entlang der Schuttershofstraat [I F7] und rings um den Horta-Komplex an der Straße Hopland. Auch entlang der Leopoldstraat [I F8] und dem Mechelsesteenweg [I F9] und rund um den Komedieplaats [F7] kommen Shopper auf ihre Kosten. Eiermarkt und Schoenmarkt verbindet das **Grand Bazar Shopping Centre**, mit über 50 Geschäften das größte Einkaufszentrum der Innenstadt Antwerpens. Das Mekka aller modebewussten Damen und Herren aber ist die **Nationalestraat** 11 und ihre Nebenstraßen, die mit vielen kleinen Boutiquen aufwarten können (s. S. 60).

Oft nicht ganz preiswerte **Antiquitäten- und Trödelläden** ballen sich entlang der Kloosterstraat [I D7]. Wer alte Musikinstrumente, Bücher, Schallplatten oder Spielsachen sucht, wird hier genauso fündig wie Sammler alter Möbel. Die meisten Antikläden sind von Mittwoch bis Sonntag (13–18 Uhr) geöffnet. In der Südstadt ist Kunst und Kultur angesagt. Hier reihen sich moderne Galerien und ausgesuchte Designläden rund um Vlaamse- und Waalsekaai. Freunde edler Steine sollten im **Diamantenviertel** 3 Station machen. Nirgendwo sonst in Europa kommt man kostengünstiger und besser an einen Hochkaräter.

1 [I E7] **Grand Bazar Shopping Centre,** Beddenstraat 2, Antwerpen, Tel. 03 2312501, www.grandbazarshopping.be, Mo.–Sa. 10–18 Uhr. Viele kleine Markenshops.

2 [I G7] **Stadsfeestzaal,** zwei Eingänge: Meir 78 und Hopland 31, Antwerpen, www.stadsfeestzaal.com, Tel. 03 2023100, Mo.–Sa. 10–18.30 Uhr. Mehr als 30 Markenartikler sind hier vertreten, vom Buchladen bis zum Schuhgeschäft.

EXTRA-INFO

Öffnungszeiten

Belgien kennt **keine festen Öffnungszeiten.** Das Gesetz schreibt lediglich vor, dass die Läden werktags zwischen 22 Uhr abends und 5 Uhr morgens geschlossen sein müssen, samstags ist spätestens um 21 Uhr Feierabend. In der Regel haben die Innenstadtgeschäfte zwischen 10 und 19 Uhr geöffnet. Das heißt aber auch, dass manche Läden schon um 9 Uhr oder noch früher öffnen, andere aber schon um 18.30 Uhr oder früher schließen. Außerdem muss man damit rechnen, dass vor allem kleinere Läden in der Mittagspause zwischen 12 und 14 Uhr geschlossen haben. Sonntags haben die Läden gewöhnlich zu, aber auch hier bestätigen Ausnahmen die Regel. So dürfen Bäcker und Metzger ihr Geschäft Sonntagvormittags bis 12 Uhr offen halten.

012fl Abb.: gs

Ausgefallene Einkaufsideen

3 [I F7] **Coccodrillo,** Schuttershofstraat 8–9, Antwerpen, Tel. 03 2332093, Mo.–Sa. 10–18 Uhr. Antwerpens exklusivstes Schuhgeschäft mit Edelmarken, große Auswahl, noch größere Preise.

4 [I F7] **De Slegte,** Wapper 5, Antwerpen, Tel. 03 2316627, www.deslegte.com, Mo.-Sa. 9.30–18 Uhr. Buchhandel und Antiquariat mit großer Auswahl direkt neben dem Rubenshaus.

5 [I E7] **De Vagant Slijterij,** Reyndersstraat 25, Antwerpen, Tel. 03 2331538, Mi.–Mo. 11–18 Uhr, So. 13–18 Uhr. Unter den vielen hundert Genevern finden Sie hier garantiert den richtigen.

6 [I E7] **Episode,** Steenhouwersvest 34a, Antwerpen, Tel. 03 2343414, www.episode.eu, Mo.–Sa. 10.30–18.30 Uhr. Ladengeschäft mit Vintage-Klamotten in der Nähe des Modemuseums.

7 [I E7] **Hoedensalon CRZ,** Oude Koornmarkt 62, Antwerpen, Tel. 03 2335928, www.hoedensalon.com, Di.–Sa. 11–18 Uhr. Ausgefallenes Hutgeschäft. Mittags um 14 Uhr lädt die Chefin zur gut zweistündigen „Hutshow“ (ab 19,90 € p. P.), einem kleinen Streifzug durch die Kulturgeschichte der Kopfbedeckungen.

8 [I E7] **Renaissance,** Nationalestraat 28–32, Antwerpen, Tel. 03 3690108, www.renaissance-antwerp.com, Mo.–Sa. 10.30–19 Uhr. Exklusiver Modeladen mit ausgesuchten Labels im Haus des Modemuseums.

Märkte

9 [I E6] **Antiquitätenmarkt auf dem Lijnwaadmarkt,** Sa. 9–17 Uhr (Ende März bis Okt.)

10 [I D7] **Antiquitätenmarkt St.-Jansvliet,** So. 9–17 Uhr (Ostern bis Okt.)

11 [I G8] **Markt am Oude Vaartplaats und Theaterplein,** Sa. 8–16 Uhr Lebensmittel aus aller Welt, So. 8–13 Uhr Blumen, Tiere, Textilien, Trödel

12 [I E7] **Trödelmarkt auf dem Vrijdagmarkt,** Fr. 9–13 Uhr. Mit Hausratsversteigerungen.

▲ *Antwerpen: der prächtige Stadsfeestzaal*

BRÜGGE

Brügge kennt keine riesigen Einkaufszentren wie Antwerpen oder Gent. Dafür finden sich vor allem entlang der wichtigen touristischen Achsen wie Steenstraat [II D7] oder Nordzandstraat [II C7] viele kleine Läden, deren Angebot oft ganz auf Touristen abgestellt ist. So gibt es **zahlreiche Bier- und Schokoladenläden**, in denen man immer das eine oder andere Souvenir finden kann.

Vor allem aber ist Brügge **Zentrum der Spitzenkunst**, zahlreiche Läden haben feinste Klöppelarbeiten im Angebot (Exkurs s. S. 18).

Ausgefallene Einkaufsideen

13 [II E7] **2be,** Wollestraat 53, Brügge, Tel. 050 611222, www.2-be.biz, tgl. 9.30–19 Uhr. Großer Laden mit noch größerer Auswahl an belgischen Bieren, Schokolade und anderen Souvenirs.

14 [II D7] **3 D Chic (Crystal Symphonies),** Burg 15, Brügge, Tel. 050 343550, www.3d-chic.net, Mo.–Sa. 10–18 Uhr. Sie wollen ihr Konterfei dreidimensional in Kristall verewigen? Unweit der Heilig-Blut-Basilika wird das möglich.

15 [II F6] **Den Elder,** Langestraat 84, Brügge, www.denelder.be, Tel. 050 341829, Mo.–Sa. 10–18.30 Uhr. Stadtbekannter Secondhandladen: alte Bücher, DVDs, Schallplatten und Comics.

16 [II D7] **Eyewear Shop Hoet,** Vlamingstraat 19, Brügge, Tel. 050 335002, www.hoet.eu, Mo.–Fr. 9–18.30, Sa. 9–18 Uhr. Brillenmode aus Titanium oder Büffelhorn für Trendsetter. Elton John und Bill Gates waren schon da ...

17 [II D7] **Frederiek van Pamel,** Eiermarkt 3, Brügge, www.frederiekvanpamel.be, Tel. 050 344480, Di.–Sa. 10–12.30 und 13.30–18.30 Uhr. Exklusiver Blumenladen: Gestecke und florale Accessoires.

18 [II D8] **Käthe Wohlfahrt,** Walplein 12, Brügge, Tel. 050 330604, www.wohlfahrt.com, Mo.–So. 10–18 Uhr. Brügger Zweigstelle des deutschen Weihnachtsausstatters. Im Angebot des Ladens: Nussknacker, Teddybären, Christbaumschmuck usw. Eine Filiale befindet sich in der Breidelstraat 4.

19 [II D8] **Museumshop Arentshof,** Dijver 16, Brügge, Tel. 050 448736, Di.–So. 10–18 Uhr. Brügges populärster Museumsshop: Schmuck, Poster, Bücher, Krawatten, Papierwaren, Museumsspiele ... mehr als 1000 Artikel befinden sich im Angebot des ehemaligen Kutschenhauses.

25 [II D7] **Whiskyhuis,** Cordoeaniersstraat 4, Tel. 050 332220, www.brugswhiskyhuis.be, 10–18.30 Uhr (Di. u. So.geschlossen). Reiche Auswahl an Whiskey für jeden Geschmack (s. S. 75).

Märkte

26 [II D8] **Floh- und Antiquitätenmarkt am Dijver,** Sa./So. und feiertags 10–18 Uhr, Juli und Aug. auch Fr. (15.3.–15.11.)

27 [II C8] **Zandfeesten,** 't Zand. Flanderns größter Flohmarkt findet einmal monatlich im Sommer statt, meist am ersten Sonntag im Juli und August sowie am letzten Sonntag im September.

GENT

Trotz seiner Größe ist Gent keine Einkaufsstadt wie Antwerpen. Die wichtigsten Einkaufsstraßen finden sich zwischen Belfried 29 und Universitätsbibliothek und rund um den Vrijdagmarkt 32. Die meisten großen Ladenketten finden sich auf der **Veldstraat** 38 und der Langemunt [III E5]. Das Shoppingcenter Gent Zuid liegt gegenüber der Stadtbibliothek auf dem Woodrow Wilsonplein [III F6]. Kunst- und Antiquitätenliebhaber

FLANDERNS SPITZE IST SPITZE

Alte klöppelnde Frauen, verstaubte Trachten, Omas Tischdeckchen – das sind die Bilder, an die man denkt, wenn von „Spitze" die Rede ist, von durchbrochenem Textilgewebe. Die passende Handarbeitstechnik kam im späten Mittelalter auf – und noch heute streiten sich Norditaliener und Flamen, wer die Idee dazu hatte. Stolz zeigen die Belgier heute auf ein Bild von Hans Memling, der anno 1485 einen Priester in einem Chorhemd mit Spitzenschmuck malte.

Im 16. Jh. begann der Siegeszug der Spitzenmode, Manschetten und Kragen wurden aufwendig verziert. Vor allem bei Europas Fürsten und ihrem Hofstaat genoss die Spitze ***als modisches Accessoire große Beliebtheit.*** *In Gent findet sich noch heute ein Bild, das Österreichs Kaiserin Maria Theresia in einem prunkvollen Kleid aus filigraner Spitze zeigt, das Flandern ihr 1744 zur Amtseinführung schenkte. Zum Dank für das Prunkgewand ließ sich Ihre Majestät vom Maler Martin van Meytens porträtieren und schickte das Gemälde nach Gent, wo es noch heute im Rathaus hängt.*

Spitze jedenfalls war in dieser Zeit ein echtes ***Statussymbol,*** *mit dem sich nicht nur Frauen, sondern auch der männliche Adel und vielfach auch der Klerus schmückten. Kein Wunder, dass die Preise für handgearbeitete Kleidung und Decken immer mehr ausuferten und auf diese Weise sogar Europas Geldmarkt gefährdeten. Spanien erließ deshalb immer wieder neue Verbote, Spitze zu tragen.*

Vor allem in Flandern versuchte man, der steigenden Nachfrage nachzukommen. So eröffneten apostolische Schwestern 1717 in Brügge eine der

014fl Abb.: gs

ersten ***öffentlichen Klöppelschulen.*** *Seitdem gehörte es zum guten Tor Spitze in Heimarbeit zu fertigen. M Beginn der* ***Industrialisierung*** *abe verlor das Handwerk an Bedeutun und drohte gar auszusterben. Mit E findung der Tüllmaschine (1809), d ein Grundnetz herstellte, auf das O namente nur noch aufgenäht werde mussten, und der Indienstnahme we terer Textilautomaten geriet die Kuns des Klöppelns dann fast in Vergessen heit.*

Um das alte Handwerk nicht gan Geschichte werden zu lassen, gründe te man 1970 in Brügge das sogenann te ***Kantzentrum,*** *in dem heute da traditionelle Klöppeln fast jeden Nach mittag Besuchern gezeigt und gelehr wird. Wer einer der Spitzenklöpple rinnen über die Schulter schaut un Gefallen an dieser Arbeit findet, kan dort im Sommer auch einen Work shop besuchen und die alte Kunst de Klöppelns selbst erlernen.*

Diese ***erfreut sich seit Kurzem wie-***
er großer Popularität. *So organi-*
erte Brügge Anfang 2009 unter dem
itel „Spitze & Design" ein mehrmo-
atiges Festival, das die kulturelle Be-
eutung der Klöppelkunst würdigte.
asen und Grünflächen wurden mit
pitzenmotiven geschmückt, sogar ein
tadtplan geklöppelt.

20 *[II F6]* ***Kantzentrum,*** *Peperstraat 3a, Brügge, Tel. 050 330072, www.kantcentrum.eu, Mo.–Sa. 10–17 Uhr (nachmittags Klöppelvorführung), Eintritt: 2,50 €. Achtung: 2013 wird das Kantzentrum in die Balstraat 14 umziehen!*

mpfehlenswerte pitzengeschäfte

Ein Großteil der in Flandern ange-
otenen Spitzen-Ware kommt heute
us Fernost und wird maschinell her-
estellt. Wer sicher gehen will, sollte
eshalb eines der Fachgeschäfte auf-
uchen. Allerdings sollte man wissen,
ass belgische Handarbeit auch ihren
reis hat.

21 *[II D7]* ***Irma,*** *Oude Burg 4, Brügge, Tel. 050 335901*

22 *[II D7]* ***Kantjuweeltje,*** *Philipstockstraat 11, Brügge, Tel. 050 334225*

23 *[II D8]* ***Lace Paradise,*** *Wijngaardstraat 18, Brügge, Tel. 050 341433*

24 *[II F6]* ***'t Apostelientje,*** *Balstraat 11, Brügge, Tel. 050 337860*

Mehr als Folklore: landerns Klöppelhandwerk

sind am Steendam [III F4] und in der Burgstraat richtig. Freunde des Vintage kommen rund um die Serpentstraat auf ihre Kosten.

Ausgefallene Einkaufsideen

28 [III F6] **Eva Bos,** Vlaanderenstraat 66, Tel. 0495 496164, Di.–Fr. 10.30–18, Sa. 11–18 Uhr. Hier verkauft die Dozentin einer Modeakademie neben ihren eigenen Textilien Vintage-Klamotten und gebrauchte Designer-Stücke.

29 [III E5] **Groot Vleeshuis,** Groentenmarkt 7, Gent, Tel. 09 2232324, www.grootvleeshuis.be, Di.–So. 10–18 Uhr. Im „Großen Fleischhaus", Gents mittelalterlicher Fleischhalle, werden heute ostflämische Spezialitäten verkauft, Schinken vor allem, aber auch Marmelade, Käse, Schokolade und Bier. Vieles kann auch gleich an Ort und Stelle im Restaurant probiert werden!

30 [III E5] **Mosterdfabriek Tierenteyn-Verlent,** Groentenmarkt 3, Gent, Tel. 09 2258336, www.tierenteyn-verlent.be, Mo.–Fr. 8.30–18, Sa. 9–18 Uhr. Seit 1790 wird hier Senf gemacht und in kleinen Steinguttöpfchen abgefüllt, ideale Souvenirs. Schmackhaft sind auch die eingelegten Gemüse.

31 [III E5] **Suite,** Hoogport 59, Gent, Tel. 09 2338391, www.suite-gent.be, Mo. 14–18, Di.–Sa. 10.30–18 Uhr. Individuelle und hochpreisige Damenmode internationaler Designer.

32 [III E5] **'t Dreupelkot,** Groentenmarkt 12, Gent, Tel. 09 2242120, tgl. 16–1 Uhr (Juni bis August ab 18 Uhr). Gut 200 Sorten des besten Genever (s. S. 85).

33 [III E4] **Temmerman,** Kraanlei 79, Gent, Tel. 09 2240041, Di.–Sa. 11–18 Uhr. Kleines Geschäft mit großer Tradition, seit über 100 Jahren werden hier Süßwaren produziert. Neuste Spezialität sind die *Mammelokkerkes:* kleine Kekse in Form kleiner Brüste, gefüllt mit Mandelcreme und Kokos!

013fl Abb.: gs

34 [III E5] **Zsa Zsa Rouge,** Serpentstraat 22, Gent, Tel. 09 2259363, www.zsazsarouge.be, Mo.–Sa. 10–18 Uhr. Vintage vom Feinsten: Kitschtassen und vieles, was man nicht braucht, aber trotzdem gefällt. Der richtige Laden für moderne Nostalgiker! Wer nach Originalen sucht: „In de Gouden Schaar" heißt der Laden nebenan, der alles aus den 1950er- und 1960er-Jahren feilhält – vom tragbaren Plattenspieler bis zur Fernsehtruhe.

Märkte

35 [III E5] **Biolebensmittel,** Groentenmarkt, Fr. 7.30–13 Uhr

36 [III E6] **Blumenmarkt,** De Kouter, tgl. 7–13 Uhr

37 [III D6] **Büchermarkt,** Ajuinlei, So. 9–13 Uhr

38 [III F4] **Flohmarkt,** Beverhoutplein, Fr.–So. 8–13 Uhr

39 [III F5] **Haustier- und Fahrradmarkt,** Oude Beestenmarkt, So. 7–13 Uhr

› **Vrijdagmarkt** 32, Vogelmarkt (Kleintiere) So. 7–13 Uhr, allgemeiner Markt Fr. 7.30–13 Uhr, Sa. 11–18.30 Uhr

FLANDERN FÜR GENIESSER

„Lekkerbekken" – „Schleckermäulchen" – heißen die Flamen nicht zu Unrecht, denn kaum ein anderes Volk Europas legt so viel Wert auf gutes Essen und Trinken. Rechnet man die Sterne der großen Gourmetführer auf Einwohner um, gibt es in Flandern mehr ausgezeichnete Feinschmeckertempel als im benachbarten Frankreich. Wer Brügge, Gent oder vor allem Antwerpen besucht, ist so auch immer auf kulinarischer Entdeckungsreise. Dutzende feiner Restaurants offerieren das Beste aus Küche und Keller. Fleisch, das auf weiten grünen Wiesen und Weiden vor der Haustür erzeugt wird, und Fisch oder Meeresfrüchte aus der nahen Nordsee. Dazu Kartoffeln, Gemüse und andere Beilagen, die mit feinsten Soßen auf den Tisch kommen.

Das alles hat seinen Preis, aber **die Flamen geben für gutes Essen auch gern gutes Geld aus.** Für die Einheimischen ist der Restaurantbesuch vor allem am Wochenende so viel Wert wie ein Theaterabend, weshalb die **großen Köche wie Stars verehrt** werden. Stundenlang zelebrieren die Flamen das Essen, aus (nahezu) jeder Mahlzeit wird ein Festmahl. Zwischen England und den Niederlanden erscheint Flandern als kulinarisches Bollwerk, als wollten die Menschen dort allen in Europa zeigen, dass nicht nur die Südländer gutes Essen für sich gepachtet haben.

▲ *Senfladen mit Tradition: Mosterdfabriek Tierenteyn in Gent*

FLANDERNS KÜCHE

Groß ist die Bandbreite in Flanderns Küche, wo heute meist **frische Naturprodukte** zur Verwendung kommen – Fisch und Fleisch gleichermaßen, die ihre besondere Note nicht selten durch einen Schuss Bier erhalten (s. S. 25). Garnelen, Scholle und Seezunge, Hering, Kabeljau und Schellfisch liefert die nahe Nordsee. Auch Ente, Huhn, Fasan und Hase stehen gern auf dem Speiseplan – hin und wieder Pferd, das besser schmeckt, als viele glauben. Vor allem in Antwerpen findet man das **Pferdefleisch** *(Paardevlees)* noch auf einigen Speisekarten, wo es einst als „Filet d'Anvers" zu den Spezialitäten gehörte.

Mit veränderten Essgewohnheiten aber wandelt sich langsam auch **Flanderns traditionelle Küche.** In Gent etwa, wo man früher die sogenannte *Peerdeluukworst* schätzte, eine aus Pferdeblut gefertigte Wurst, muss man heute lange danach suchen. Auch der *Hoofdvlak,* ein Schweinskopf, der gewöhnlich mit viel Senf verspeist wird, ist so gut wie ganz von den Karten der Restaurants verschwunden.

Dagegen feiert ein anderes Traditionsgericht eine kulinarische Wiederauferstehung: Der gute alte Eintopf, der in immer neuen Varianten angeboten wird und in Belgien **Waterzooi** heißt. Ein Blick in seine Geschichte zeigt, dass er früher mit Kalb- und Hühnerfleisch, aber auch mit Aal, Karpfen oder Krabben offeriert wurde. Heute wird er in der Regel nur mit Huhn serviert. *Waterzooi* übersetzt man am besten mit „kochendes Wasser", ist das flandrische Traditionsgericht doch eine Mischung aus Suppe und Eintopf. So werden zur Fleischeinlage meist Kartoffeln und saisonales Gemüse beigegeben, dazu Gewürze, die jeder Koch individuell dosiert.

Ein gutes Essen rundet ein Stückchen Käse ab. Allein zwanzig verschiedene **Ziegenkäse** werden heute

REZEPT FÜR BELGIENS LIEBLINGSGERICHT: MUSCHELN MIT WEISSWEINSOSSE

Zutaten *(für 4 Personen):*
4 kg Muscheln
2 Zwiebeln
1 Möhre
2 Stangen grüner Sellerie
1/2 Bund Petersilie
1 kleiner Zweig Thymian
1 Lorbeerblättchen
1/2 Teelöffel Currypulver
20 g Butter
Salz und Pfeffer
2 dl trockener Weißwein

Zubereitung:

Zwiebeln, Möhre und Sellerie in grobe Stücke schneiden, kurz in Butter rösten und bei geschlossenem Deckel drei Minuten schwitzen lassen. Die gut gereinigten Muscheln in den Topf geben. Lauch, Thymian und Petersilie darauf legen und mit ausreichend Pfeffer und Curry würzen. Mit dem Weißwein übergießen und bei geschlossenem Deckel zum Kochen bringen. Die Muscheln mehrfach aufschütteln. Sie sind erst gar, wenn die Schalen offen sind.

(Quelle: Tourismus Flandern)

„VEGGIESTADT" GENT

Seit 2009 ist in Gent jeden Donnerstag „Veggietag". Dann kommt in allen öffentlichen Einrichtungen wie Kantinen oder Mensen vor allem Gemüse auf den Teller. Im Tourismusbüro (s. S. 97) liegen Stadtpläne aus, welche die rund 100 Gaststätten und Geschäfte auflisten, die sich mit vegetarischen Gerichten und Waren an der Aktion beteiligen. Interessenten können sich eine Broschüre aus dem Internet herunterladen (www.visitgent.be). Inzwischen haben sich der Aktion auch Unterkünfte angeschlossen, die ein vegetarisches Frühstück anbieten.

Wissenschaftler hatten den Gentern zu Beginn ihrer vegetarischen Offensive vorgerechnet, dass, wenn sich alle Einwohner einmal wöchentlich fleischlos ernähren, sie die CO_2-Emissionen von umgerechnet 18.000 Autos wettmachen. Inzwischen macht das Beispiel Gent weiter Schule, haben sich doch inzwischen Städte wie Bremen und andere Kommunen der Aktion angeschlossen.

in Flandern hergestellt, unter denen der *Hinkelspel* in Gent zu den besten gehört. Dazu mundet auch *Brugs Beschuit,* ein leicht gewürzter, süßer Zwieback. Zur Verdauung schließlich gehört neben einem mehr oder minder starken Kaffee vor allem in Gent und Antwerpen ein heimischer **Kräuterlikör,** ein „Elixir d'Anvers" oder ein „Elixir Oud Gent", beides sozusagen belgische Jägermeister auf der Basis vieler verschiedener Heilpflanzen.

Für Touristen unübersehbar ist das Angebot an **Miesmuscheln** *(Mosselen),* die meist auf großen Schiefertafeln in allen Varianten und zu allen Preisen offeriert werden und als eine Art Nationalgericht gelten. Sie kommen im Sud oder mit Käse überbacken auf den Tisch und werden in der Regel immer von einer großen Portion **Pommes frites** begleitet, die auf flämisch *pattatekes* heißen, „kleine Kartoffeln". Überhaupt werden Kartoffeln zu fast allen Hauptgerichten serviert. Außerdem wird Gemüse gereicht.

In den flandrischen Großstädten ist das **Speisenangebot inzwischen längst globalisiert.** Franzosen und Griechen gibt es ebenso wie Lokale mit afrikanischer oder asiatischer Küche, vor allem aber viele Italiener.

Für den schnellen Happen zwischendurch empfehlen sich Pita- und Dönerbuden, Pizzastände und Snackstationen, die belegte Brote und Bratwürste in allen Varianten anbieten. Besonders beliebt in Antwerpen ist die Currywurst, die dort *Hollandse frikandel* genannt wird. Am liebsten jedoch machen die Einheimischen – und inzwischen auch immer mehr Touristen – an der *Frituur* Halt, **Belgiens traditionsreichen Pommesbuden.**

Noch ein Tipp: Einen guten Überblick über flämische Spezialitäten kann man sich in der **Großen Fleischhalle** (Groot Vleeshuis, s. S. 19) in Gent verschaffen, wo regionale Produkte angeboten werden, etwa der typische Ganda-Schinken, der im offenen Holzgebälk der alten Halle hängt. Ihn sollte man ebenso probieren wie Käse und Bier aus der Region.

Freitag ist Frittentag

Kenner schätzen die belgischen Pommes frites als die besten der Welt. Einige Tausend *Frietkots,* Frittenbuden, stillen inzwischen den Appetit der Flamen auf die knusprigen, goldgelben Stäbchen. Für viele Belgier ist der **Freitag längst Synonym für einen Frittentag.** Zum Abschluss der Woche und vor dem ausgiebigen Wochenendessen hat sich das bei einigen Zeitgenossen so eingebürgert. Mehr als dreißig verschiedene Soßen, deren Rezepte sorgsam gehütet werden, vom Klassiker Mayonnaise bis zu schärfsten Exoten, lassen die Kartoffelsnacks besonders munden.

Anders als in den meisten Ländern werden die Pommes in Flandern nicht einmal, sondern **zweimal gebacken.** Hierzu benötigt man aber besonders gute Kartoffeln, die in Stäbchen von zehn bis zwölf Millimeter Breite geschnitten werden. Bevor sie erstmals in die Friteuse wandern, nehmen sie in der Regel noch ein Bad im kalten Wasser, das ihnen überschüssige Kartoffelstärke entziehen soll.

Für den ersten Frittiervorgang wird das Fett auf 120 bis maximal 140 °C erhitzt. Darin lässt man die Kartoffelstückchen einige Minuten schwimmen. Beginnen sie an der Oberfläche leicht zu brodeln, nimmt man sie vorsichtig aus dem Fett und lässt sie mindestens eine halbe Stunde lang auskühlen, ehe sie erneut in die Friteuse wandern. In dem mit 180 °C nun deutlich heißeren Fett lässt man die vorfrittierten Pommes schließlich drei bis vier Minuten knusprig backen.

Pommesbuden sind in Belgien seit einigen Jahren auch **offiziell zertifiziert.** So prangen vor Betrieben, die ausschließlich frische Kartoffeln verarbeiten, Schilder mit der Aufschrift „Ambachtelijke Friet", was so viel wie „hausgemachte Pommes" bedeutet. „Mit diesem Schild", heißt es beim Dachverband des Gaststättengewerbes, „wollen wir lediglich den Unterschied zwischen Pommesbuden, die mit frischen Kartoffeln arbeiten, und denen, die mit tiefgefrorenen Fritten arbeiten, hervorheben. Der Verbraucher hat Anspruch auf diese Informationen."

Umstritten ist, wer die Pommes frites erfunden hat. Lokalpatrioten wollen wissen, dass man bereits Ende des 17. Jh. Kartoffeln frittiert habe.

Kannte man anfangs nur Pommes mit Salz, kamen in den 1930er-Jahren die ersten Soßen dazu. In den 1950er-Jahren servierte man zu den Kartoffeln dann auch saure Muscheln, Schmorfleisch, hartgekochte Eier, Gewürzgurken, Frikadellen oder Zervelatwurst. Inzwischen bieten die *Frietkots* als Beilagen auch Saté-Spieße, Bami-Scheiben, Fischstäbchen, Currywurst, Garnelen-, Käse- und Fleischkroketten, ja sogar Chicken Wings und Hamburger. Die **Kombination aus Fritten und Miesmuscheln** in den Wintermonaten ist gar zum Nationalgericht geworden (Rezept s. S. 21).

Was die Gestaltung der Pommes angeht, sind die Belgier Traditionalisten. Sie schwören in der Regel noch immer auf die bis heute klassische Stäbchenform. Das gilt auch für die Papiertüte, flämisch *Puntzak,* in denen die Pommes traditionell serviert werden. Kaum verändert hat sich auch die Gewohnheit, die Fritten mit den Fingern zu essen. Wer das nicht mag, greift auf kleine Gabeln zurück – das einzige Essbesteck, das man in den Pommesbuden kennt. Anfangs waren die Gabeln aus Holz, heute mehr und mehr auch aus Plastik.

Die ältesten Gabeln sind längst museumsreif – wie auch die Inneneinrichtungen alter *Frietkots.* So kann man in Brügge die Geschichte der Pommes in einem eigenen Museum, dem **Frietmuseum** (s. S. 39) verfolgen. Und in Antwerpen lädt **eine der**

ältesten und bekanntesten Frittenbuden Flanderns, Fritkot Max am Groenplaats, zum Blick in die Kartoffelhistorie ein. Während im Erdgeschoss in traditioneller Art Pommes mit mehr als einem Dutzend Soßen in Papiertüten und mit Holzgabeln serviert werden, gibt es einen Stock höher Fotos, Zeichnungen und Gemälde von alten Frittenbuden zu sehen.

40 [I E7] **Fritkot Max,** Groenplaats 12, **Antwerpen,** www.fritkotmax.be, Tel. 09 5213580, tgl. 12–24 Uhr

Bier – Belgiens Nationalgetränk

Bier ist nicht gleich Bier. In keinem anderen Land der Welt gilt diese Weisheit mehr als in Belgien, wo der Gerstensaft Nationalgetränk ist. Unbeschreiblich groß ist die Vielfalt der Angebote: So stellen mehr als hundert kleine und große Brauereien heute über 400 verschiedene Biere her, rund 15 Millionen Hektoliter jährlich, von denen mehr als ein Drittel in alle Welt exportiert werden.

Vor allem die Flamen eint die Liebe zum Gerstensaft, der in vielen Tausend Betrieben zum Ausschank kommt. Manche servieren inzwischen spezielle Bier-Menüs – Mahlzeiten, bei denen zu jedem Gang ein passendes Bier gereicht wird (s. S. 25). In der Regel haben die meisten Wirte **ein bis drei Dutzend verschiedene Biere im Ausschank,** ein Teil davon direkt vom Fass.

Wenn man einfach nur ein Bier bestellt, erhält man in Flandern gewöhnlich ein Pils. Meist aber wird man nach der gewünschten Sorte gefragt und damit beginnt die Qual der Wahl. Gute Gastronomen haben oft mehr als 50 verschiedene Sorten vorrätig, manche sogar weit mehr als 100! So lädt „Brugs Beertje" in der Brügger Kemelstraat Tag für Tag ab 16 Uhr zu

015fl Abb.: gs

einer Reise durch Belgiens Bier-Universum. Es gibt gleich fünf verschiedene Sorten immer wieder wechselnd vom Fass. Und auch in Gent und Antwerpen finden sich genug Lokale, die den Weg in den Bierhimmel ebnen.

„Im Leben ward ich Gambrinus genannt, König von Flandern und Brabant. Ich hab aus Gersten, Malz gemacht – und Bierbrauen zuerst erdacht. Drum können die Brauer mit Wahrheit sagen, dass sie einen König zum Meister haben." Dieser Spruch erinnert an den Bierkönig Gambrinus, in dem Lokalpatrioten einen im Mittelalter regierenden, immer durstigen Herrscher sehen wollen: Herzog Jan I., dessen Name „Jan Primus" zu „Gambrinus" verballhornt wurde. Für die Wissenschaft freilich ist Flanderns Bier-König genauso legendär wie die ihm zugeschriebene Erfindung der Braukunst. Eher erinnert Gambrinus an das Wort „Cambarius", mit denen die Kelten ihre Brauer bezeichneten, die mittelalterlichen Mönche später ihren Kellermeister.

Bier zum Essen

Wie Räder und Felgen gehören in Belgien auch gutes Essen und Bier zusammen. Davon sind viele Gastronomen überzeugt, z. B. die Dyver-Familie, die in Brügges Innenstadt seit fast 100 Jahren das Restaurant **Den Dyver** betreibt. Der Juniorchef spricht bestes Deutsch und begleitet seine Gäste gern auf der kulinarischen Entdeckungsreise. Früher braute man im Dyver das Bier noch selbst, doch inzwischen erledigt das eine Hausbrauerei. Von der stammt bspw. der Aperitif, ein 7-prozentiges Bier mit Koriandergeschmack. Zu jedem Hauptgang wird ein neues Bier serviert, zu Fisch und Fleisch ebenso wie zum Käse und der Nachspeise. Edle Sorten aus Flandern und der Wallonie bis hin zum raren Trappistenbier, jedes in einem anderen Glas.

Wer in Antwerpen gutes Essen samt passender Bierbegleitung sucht, ist im Grand Café Horta im Hopland-Distrikt bestens aufgehoben, wo die Biermenüs zu den Spezialitäten des Hauses gehören. Zum Teil kommen sie frisch vom Fass, sodass man sich fragt, warum man gutes Essen immer nur mit Wein verbindet.

Schließlich machen wir in Gent noch einmal den Test und lassen uns in einem der ältesten Häuser der Stadt an der Graslei verwöhnen. Dort hat die belgische Großbrauerei Palm einen Kornspeicher aus dem 13. Jh. in ein superschickes Restaurant namens **Belga Queen** umgewandelt – und auch dort gibt es Menüs mit korrespondierenden Bieren, noch dazu in einem beispiellosen Ambiente.

› **Belga Queen,** Graslei 10, **Gent,** www.belgaqueen.be, Tel. 09 2800100, So.–Mi. 12–23, Do.–Sa. 12–24 Uhr (15–19 Uhr reduziertes Speisenangebot)

41 [II E7] **Den Dyver,** Dijver 5, **Brügge,** Tel. 050 336069, www.dyver.be, Fr.–Di. 12–14 u. 18.30–21 Uhr

42 [I G7] **Grand Café Horta,** Hopland 2, **Antwerpen,** Tel. 03 2035660, www.grandcafehorta.be, tgl. ab 9 Uhr (Küche 11–22, Fr./Sa.bis 23.30 Uhr

Wie auch immer: **Schon zu Caesars Zeiten** brauten Gallier und Germanen ein Bier, das zum Teil mit Bilsenkraut oder anderen Stimmungsaufhellern angereichert wurde. Wer die Geschichten um Asterix und Miraculix gelesen hat, dem ist das bekannt. Auch im Mittelalter, als jährlich bis zu 500 Liter Gerstensaft pro Kopf durch die durstigen Kehlen der Flamen rannen, war Bier eine Alternative zum Wasser.

Im Lauf der Jahrhunderte wurde die **Bierherstellung feiner und vielfältiger,** kam zur Gerste der Hopfen. Doch während in Deutschland anno 1516 mit dem bis heute gültigen Reinheitsgebot die Freiheiten der Brauer drastisch eingeschränkt wurden, experimentierten Belgiens Brauer munter weiter. Vor allem in den Trappisten-Klöstern ersann man **immer neue Zutatenkombinationen,** die noch heute Weltruhm genießen und wegen ihres Alkoholgehalts von teilweise über 10 Vol.-% geschätzt werden. Andere Biere haben eine zweite Gärung in der Flasche mitgemacht und werden wie Champagner mit besonderen Korken verschlossen.

◄ *Bier ist nicht gleich Bier, im Angebot sind viele Hundert Sorten*

Vegetarische Küche

85 [III E7] **Greenway Foods** €, Nederkouter 42, Gent, Tel. 09 2690769, www.greenway.be, Mo.–Sa. 11–21 Uhr. Das erste belgische vegetarische Fast-Food-Restaurant ist noch immer ein Publikumsrenner. Große Salat- und Saftbar, Pasta, Veggieburger, Schokokuchen für Veganer – und das alles für unter 10 €.

Cafés

86 [III E5] **Huize Colette,** Belfortstraat 6, Di.–Fr. 9–19, Sa.–So. 10–19 Uhr. Mischung aus Café und Gebrauchtbuchladen mit nostalgischem Interieur. Bekannt für heiße Schokolade, zu der leckere Kuchen auf den Tisch kommen.

87 [III E7] **Quetzal,** Sint-Pietersnieuwstraat 99, Gent, Tel. 09 2241527, www.chocoladebar.be, Mo.–Fr. 12–22 Uhr, Sa./So. 13–18 Uhr. Der Himmel für Schokofreunde! Die Schoko-Mixgetränke aller Sorten sind überaus köstlich (ab 3,50 €). Übrigens: In Antwerpen gibt es einen Zweitladen am Lijnwaadmarkt 11.

EXTRATIPP

Für den späten Hunger

> **Fritkot Max** (s. S. 24), **Antwerpen.** Betthupferl einmal anders! Bei Fritkot Max im Herzen Antwerpens schmecken die frischen Pommes auch noch um Mitternacht.

81 [II E7] **'t Gulden Vlies** €-€€, Mallebergplaats 17, **Brügge,** Tel. 050 334709, www.tguldenvlies.be, Mi.–So. 19–3 Uhr. Versteckt liegendes Mini-Restaurant, in dem sich auch nach Mitternacht noch dinieren lässt.

82 [III F6] **Martino** €-€€, Vlaanderenstraat 125, **Gent,** Tel. 09 2250104, www.martinogent.be, Mi.–So. 18–1 Uhr. Pizza, Hamburger, Steaks und Omeletts im modernen Neonlicht-Ambiente. Multikulturelles Publikum.

FLANDERNS STÄDTE AM ABEND

Unterschiedlicher könnte das Nachtleben in den drei Städten kaum sein. In Brügge beschränkt es sich auf eine Handvoll nächtlicher Hotspots, während in Antwerpen und Gent Nachtschwärmer die Qual der Wahl haben. Großstädtisch ist das Nachtleben in Antwerpen geprägt, mit vielen großen Klubs, Theatern und schicken Bars, eher studentisch in Gent, dessen viele Zehntausend Studenten hier abends und nachts – vor allem donnerstags – den Ton angeben. Und wie fast überall in Europa geht in den Szenelokalen erst nach Mitternacht so richtig die Post ab – schließlich kennt Belgien keine Sperrzeiten.

NACHTLEBEN

In **Brügge** beschränkt sich das Nachtleben hauptsächlich auf Donnerstag-, Freitag- und Samstagabend. Dann sind Langestraat und Kuiperstraat [II D7] Ziel der Nachtschwärmer, wo eine Reihe von Klubs die Partygänger erwarten. In **Gent** heißt die Amüsiermeile Overpoortstraat [III E8/9], hier warten mehr als drei Dutzend Klubs, Cafés und Kneipen auf Ausgehfreudige.

Dinnershows und Varieté kennt das Nachtleben in **Antwerpen,** vor allem im Rotlichtviertel zwischen St.-Paulusplaats und Verversrui [I E5]. Wichtigstes abendliches Ausgehviertel ist die Südstadt, das Quartier Het Zuid um das Museum der Schönen Künste 14. Dort ballen sich Kneipen, Restaurants und Discos. In den langen Sommernächten lockt auch Antwerpens Norden, wo sich die Menschen rund um die alten Docks treffen.

Vielfältig ist die **belgische Musikszene.** In Gent und Antwerpen treten fast jeden Abend Livebands auf, irgendwo wird immer Party gefeiert. In Brügge muss man da schon länger suchen oder sich von den Einheimischen einen Tipp geben lassen. Seit die Stadt nämlich unter dem Schutz des Weltkulturerbes steht, haben die Stadtväter dem ungezügelten Feiern, das nicht selten in Schlägereien ausartete, den Kampf angesagt. Einige Lokale mussten sogar ganz schließen.

Wie unterschiedlich die Einstellung in den flämischen Städten zum Thema Feiern ist, zeigt sich besonders drastisch in den Strafen für die sogenannten „Wildpinkler". So zahlt, wer in Brügge öffentlich uriniert, mindestens 150 €, in der Studentenmetropole Gent hingegen weniger als die Hälfte.

SMOKER'S GUIDE

In Belgien gilt an allen öffentlichen Orten wie Bahnhöfen oder Flughäfen ein Rauchverbot. Auch in Restaurants ist das Rauchen nicht erlaubt. Ab 1.Juli 2011 wird dieses noch einmal verschärft. Dann gelten auch die bisherigen Ausnahmegenehmigungen für Cafés, Diskotheken oder Casinos nicht mehr. Rauchen ist dann nur noch in separaten Räumen erlaubt, die dazu eigens ausgewiesen werden müssen. Manche Restaurants wie das Belga Queen in Gent haben ihre eigene Raucher-Lounge. In Brügge gilt Jerrys Cigar Bar als Raucher-Paradies.

88 [II D7] **Jerrys Cigar Bar,** Simon Stevinplein 13, Brügge, tgl. 10-18 Uhr.

› **Belga Queen Cigar Lounge** (s. S. 33), Graslei 10, **Gent,** www.belgaqueen.be, Mo.–Sa. ab 19 Uhr.

Bars

90 [I E6] **Cocktailbar Nine,** Lijnwaadmarkt 9, **Antwerpen,** Tel. 03 7071007, www.cocktailsatnine.be, Di.–Do. 18–1, Fr.–So. 15–1 Uhr. Im Sommer lockt die große Terrasse, im Winter der offene Kamin in dem mehr als 200 Jahre alten Haus. Frische Cocktails, feinste Whiskys. Mindestalter: 16 Jahre.

91 [III D5] **Belga Queen Cigar Lounge,** Graslei 10, **Gent,** Tel. 09 2800100, www.belgaqueen.be, Mo.–Sa. ab 19 Uhr. Ein Paradies für anspruchsvolle Raucher! Luxuriöse Klubsessel in kolonialem Ambiente laden zum Tabakgenuss ein. Dazu gibt es gelegentlich Livemusik: Jazz, Latino und Soul – oder einfach nur Pianoklänge.

92 [III E5] **Pink Flamingo's,** Onderstraat 55, **Gent,** www.pinkflamingos.be, Tel. 09 2334718, Mo.–Mi. 12–24, Do.–Fr. 12–3, Sa. 14–3, So. 14–24 Uhr. Junge Leute und solche, die sich so fühlen, sollten sich die Adresse merken. Feinster Vintage-Kitsch samt passender Musik und Möblierung.

93 [II D7] **'t Brugs Beertje,** Kemelstraat 5, **Brügge,** Tel. 050 339616, www.brugsbeertje.be, Do.–Di. 16–1 Uhr (Wochenende bis 2 Uhr). Brügges populärstes Bierlokal mit über hundert Sorten im Ausschank, teils vom Fass.

94 [II E7] **Wijnbar Est,** 34, Braambergstraat 7, **Brügge,** Tel. 050 333839, www.wijnbarest.be, Mi.–So. ab 16 Uhr. Hier werden Käse und Wein bei jazziger Hintergrundmusik serviert, sonntagabends gewöhnlich mit Livemusik. Rund 100 Weine locken zum Probieren.

Klubs und Discos in Antwerpen

95 [I E5] **Cafe d'Anvers,** Verversrui 15, Antwerpen, Tel. 03 2263870, www.cafe-d-anvers.com, Fr. u. Sa. 23–7 Uhr, Eintritt: ca. 10 €. Seit mehr als 20 Jahren eine Institution und ein Mekka der Housemusic. Tolle Stimmung.

018fl Abb.: gs

EXTRATIPP

Zum „King of Spirits“

Gleich neben der Kathedrale beginnt das sündige Leben. Absinthbar nennt sich die schicke Bar, die zur Brasserie Appelmans gehört. Dies ist der richtige Ort, um den Tag zu beschließen – oder ins Nachtleben Antwerpens zu starten. Dick wie ein Buch ist die Getränkekarte, auf der sich neben diversen Cognacs und Grappas auch Caipirinha und Mojito finden. Die meisten Gäste aber kommen wegen des Absinths, der in Belgien inzwischen wieder ausgeschenkt werden darf. Im Angebot sind vor allem italienische, spanische und französische Produkte, aber auch eines aus der Tschechischen Republik. Der „King of Spirits“ bringt es auf 70 Vol.-% Alkohol. 16 € kostet das ungefilterte Gläschen – und mehr wird pro Person auch nicht ausgeschenkt. Inzwischen hat die Absinthbar ihre Stammgäste, die regelmäßig Antwerpen ansteuern.

102 [I E7] **Absinthbar,** Papenstraatje 1, **Antwerpen,** www.absinthbar.be, Tel. 03 2262022, Mo.–So. ab 11.30 Uhr

96 [I M6] **Muziekcentrum Trix,** Noordersingel 28–30, Antwerpen, Tel. 03 6700900, www.trixonline.be, Mo.–Sa. Antwerpens jüngster Musikklub im Stadtteil Borgerhout, viel Livemusik. Beste Werbung ist Pete Dohertys Auftritt im Trix auf YouTube!

97 [I H1] **Noxx,** Straatsburgdok, Noordkaai 3, Antwerpen, Tel. 0476691958, www.noxxantwerp.be, Do. 22–6, Fr. 23-6, Sa. 23–7 Uhr. Einer der jüngsten Klubs der Stadt beherbergt drei verschiedene Bühnen mit unterschiedlicher Musik, oft auch Livemusik. Platz für bis zu 2500 Personen

Klubs und Discos in Brügge

98 [II F4] **Bistro du Phare,** Sasplein 2, Brügge, Tel. 050 343590, www.duphare.be, Mi.–Mo. 19–24 Uhr (Fr. u. Sa. bis 2 Uhr). Dave Brubeck ertönt auf der Website des Musikbistros mit Klubatmosphäre. Blues und Jazz dominieren – und gelegentlich gibt es Livemusik.

99 [II C8] **Joey's Café,** Zuidzansstraat 16a, Brügge, Tel. 050 341264, Mo.–Sa. ab 11.30 Uhr bis spätabends. Jazz- und Blueskneipe mit Livemusik, die auch die Einheimischen gern aufsuchen. Manchmal spielt der Chef selbst mit seiner Cajun-Band.

100 [II F6] **Rock-Café The Crash,** Langestraat 78, Brügge, Tel. 050 347081, www.thecrash.be, Sa.–Do. ab 20 Uhr, Fr. ab 16 Uhr. Hardrock bis spät in die Nacht und preiswerte Getränke fördern die Partystimmung.

◄ *Nicht nur für Nachtschwärmer: die Absinthbar in Antwerpen*

Klubs in Gent

101 [III F5] **Charlatan,** Vlasmarkt 6, Gent, Tel. 09 2242457, www.charlatan.be, Di.–So. ab 19 Uhr. Ein populäres Musikkaffee im Epizentrum des Genter Nachtlebens, wo oft kostenlose Livekonzerte angeboten werden!

103 [III H1] **Culture Club,** Afrikalaan 174, Gent, www.cultureclub.be, Tel. 09 2330946, tgl. ab 23 Uhr. Wer gesehen werden will, muss sich hier zeigen. Der einzige Nachteil: Der Klub ist für Fußgänger vom Stadtzentrum aus zu weit entfernt. Zudem gibt es im Culture Club einen Dresscode, auf den die Türsteher auch genau achten!

THEATER UND KONZERTE

Kunst und Kultur wird in Flandern besonders groß geschrieben, das zeigt auch die Theaterlandschaft. So gibt es in Antwerpen mehr Theatergruppen als in Brüssel oder Rotterdam. Am lebendigsten aber scheint die Theaterszene in Gent, wo auf jedes klassische Theater ein paar Studentenbühnen kommen sollen.

Auf dem Spielplan stehen Opern und großes Schauspiel, aber auch Boulevard und Comedy. Ensembles wie die Vlaamse Opera und das Koninklijk Ballett van Vlaanderen bürgen für erstklassige Aufführungen.

Beachtenswert aber sind nicht nur die Inszenierungen. Nach der Renovierung der großen Opernbühnen bietet die Flämische Oper mit ihren Häusern in Gent und Antwerpen auch **sehenswerte Architektur.** Gents Opernhaus zeigt sich heute fast noch immer so wie zu Anfang des 19. Jh.: mit riesigen Kronleuchtern, Marmorsäulen und historischem Glanz. Wie bei seiner Eröffnung anno 1907 präsentiert sich das Opernhaus in Antwerpen mit seinen 1006 Sitzplätzen als neobarockes Prachtstück, in dem seit damals nur Teppiche und Bestuhlung erneuert wurden.

In Gent lockt ein ehemaliger Krankensaal aus dem 13. Jh. heute als Musikzentrum De Bijloke Freunde alter Musik, aber auch Jazzkenner. Seine Eichenholzdecke in Schiffsform, für die einst ein ganzer Eichenwald gefällt wurde, gehört zu den schönsten Saaldächern Flanderns. Als modernes Gegenstück gilt in Brügge das neue Concertgebouw, dessen offene und moderne Architektur den Zeitgeist unseres Jahrhunderts verkörpert.

Über die aktuellen Inszenierungen informieren die örtlichen Kulturkalender oder die Websites der Veranstalter. **Tickets** gibt es direkt bei den Veranstaltern oder in ausgesuchten Büros wie Info Cultur am Antwerpener Grote Markt 13 (Di.–Fr. 10–17.45, Sa. 12–17 Uhr, Tel. 03 2039585, www.ticketantwerpen.be). Zum Teil können auch die örtlichen Touristeninformationen (s. S. 97) weiterhelfen.

Antwerpen

104 [I F4] **Koninklijk Ballett van Vlaanderen,** Kattendijkdok-Westkaai 16, Antwerpen, Tel. 03 2343438, www.flanders ballet.be. Belgiens bestes Ballettensemble glänzt mit Klassikern und modernsten Inszenierungen.

105 [I G7] **Stadsschouwburg,** Theaterplein 1, Antwerpen, Tel. 090069900, www.stadsshouwburgantwerpen.be. Stadttheater mit Restaurant. Breit gefächertes Repertoire, Last-Minute-Tickets.

106 [I H7] **Vlaamse Opera Antwerpen,** Frankrijklei 1, Antwerpen, Tel. 03 2021011, www.vlaamseopera.be. Antwerpens renommierteste Kulturadresse bietet Oper, Konzerte und Ballett. Das Ensemble bespielt auch das Opernhaus in Gent.

Brügge

107 [II A9] **Cactus Muziekcentrum,** Magdalenastraat 27, Brügge, Tel. 050 332014, www.cactusmusic.be. Kleines Konzerthaus mit großem Namen, die erste Adresse für zeitgenössische und Weltmusik. Auch das renommierte Cactus Music Festival im Juli (s. S. 10) wird hier organisiert.

108 [II C8] **Concertgebouw,** 't Zand 34, Brügge, www.concertgebouw.be, Tel. 050 476999, Tickets: Tel. +32 70223302. Mit einem intimen Kammermusiksaal und einem großen Konzertsaal verfügt das moderne Gebäude gleich über zwei Bühnen, die regelmäßig bespielt werden. Auf dem Programm stehen Theater, Konzerte und Ballett.

109 [II D6] **Stadsschouwburg,** Vlamingstraat 29, Brügge, Tel. 050 443060, www.ccbrugge.be. Gastspieltheater mit breitem Angebot.

▲ *Im Sommer gibt es Kultur im Freien wie hier bei einem Straßenfest in Gent*

Gent

110 [III F7] **Capitole,** Graaf van Vlaanderenplein 5, Gent, Tel. 09 2332999, www.capitolegent.be. Das ehemalige Kino ist heute ein Mekka der Musicalfreunde. 1500 Personen können sich hier außerdem auf Ballettaufführungen, Comedy und Kabarett freuen.

111 [III E6] **Handelsbeurs – Konzertsaal,** Kouter 29, Gent, Tel. 09 2659165, www.handelsbeurs.be. Eine der ersten Genter Konzert- und Veranstaltungsadressen. Pop, Rock, Weltmusik, Jazz und Klassik sind hier zu Hause.

112 [III D7] **Musikzentrum De Bijloke,** Jozef Kluyskenstraat 2, Gent, Tel. 09 2336878, www.debijloke.be. Musikzentrum mit vier Sälen, das jährlich mehr als 100 Konzerte bietet. Blickfang ist ein ehemaliger Krankensaal mit wunderschöner Holzdecke.

113 [III E6] **Vlaamse Opera Gent,** Schouwburgstraat 3, Gent, Tel. 09 2681011, ww.vlaamseopera.be. Eine Spezialität dieses großen Opernhauses sind die sogenannten Lunchkonzerte im Opernfoyer, die während der Mittagspause stattfinden.

FLANDERNS STÄDTE FÜR KUNST- UND MUSEUMSFREUNDE

Alte und neue Kunst von Weltrang sowie stadthistorische Prunkstücke, wirkungsvoll präsentiert in Museen, die in den letzten Jahren gründlich renoviert oder ganz neu errichtet wurden – dieses Angebot führt Jahr für Jahr mehr Kulturfreunde nach Flandern. Zehntausende von Gemälden, Installationen aller Art, Skulpturen, Plastiken, Möbel und Textilien geben dort einen fast lückenlosen Überblick über die Kunst vom Mittelalter bis zur Gegenwart.

ÜBERBLICK

Seit 2001 arbeiten die drei wichtigsten Einrichtungen – das Museum für Schöne Künste Gent 41, das Brügger Groeninge Museum 21 und das Königliche Museum für Schöne Künste Antwerpen 14 – unter der Dachmarke **Vlaamse Kunstcollectie** zusammen. Ausstellungen werden gemeinsam geplant, Ankäufe gemeinsam realisiert und die Konservierung und Restaurierung alter Gemälde in Spezialwerkstätten konzentriert.

Mehr als 6000 Gemälde, 40.000 Zeichnungen und 2000 Skulpturen dokumentieren allein in der Vlaamse Kunstcollectie den **künstlerischen Reichtum Belgiens.** Dafür gibt es viele Gründe, war Flandern doch über Jahrhunderte einer der wichtigsten Kulturstandorte Europas. Künstler wie van Eyck und später auch Rubens fertigten fast wie am Fließband für eine Elite, die sich Kunst leisten konnte, vor allem für Klerus und Adel, die mit den Meisterwerken Kirchen und Paläste schmückten. Schließlich war es das neu entstandene Bürgertum, das mit dem Sammeln von Kunst sein Standesbewusstsein zu dokumentierten suchte.

Auf diese Weise entstanden im Laufe der Jahre **zahlreiche private und öffentliche Sammlungen**, die den Grundstock für die flämischen Museen lieferten. Im 19. und 20. Jh. kamen große Schenkungen hinzu, außerdem wurden auf Kunstmessen und Salons bedeutende Werke zugekauft – vor allem Landschaften, Interieurs und Stillleben, wie sie für die flämische Malerei typisch sind. So liegen die **Sammlungsschwerpunkte** in Brügge auf dem 15. und 16. Jahrhundert, in Antwerpen auf dem späten 16. und 17. Jahrhundert, in Gent auf dem 19. Jahrhundert. In Gent setzte man zudem mit der Eröffnung des Museums für Aktuelle Kunst (S.M.A.K.) 1999 einen ganz neuen kulturellen Schwerpunkt. Zweimal jährlich wechselnde Ausstellungen geben in Gent Jahr für Jahr neue Einblicke in die aktuelle Entwicklung der **Gegenwartskunst.**

MUSEUMSEMPFEHLUNGEN

Antwerpen

114 [I I7] **Diamantenmuseum Provinz Antwerpen,** Koningin Astridplein 19–23, Antwerpen, Tel. 03 2024890, www.diamantmuseum.be, tgl. außer Mi. 10–17.30 Uhr, Eintritt: 6 € (inklusive Audioführer). Wissenswertes zu Geschichte, Abbau und Verarbeitung von Diamanten, multimediale Präsentation.

115 [I G7] **Koningin FabiolaZaal,** Jezusstraat 28, Antwerpen, Tel. 03 2034204, Di.–So. 10–17 Uhr. Hier sind wegen Renovierungsarbeiten die Werke des 19. und 20. Jahrhunderts aus dem Königlichen Museum der schönen Künste 14 zu sehen.

EXTRATIPP

Museumsrabatte

In **Gent** empfiehlt sich der **Museumspass,** der drei Tage lang die Nutzung aller Busse und Straßenbahnen erlaubt und Zugang zu allen großen Museen und Sehenswürdigkeiten verschafft – u. a. zur Burg Gravensteen, der St.-Bavo-Kathedrale, den beiden Museen S.M.A.K und Museum für Schöne Künste, der St.-Peters-Abtei, dem neuen Stadtmuseum STAM und dem Belfried (Preis: 20 €).

In Brügge erlaubt ein drei Tage gültiges **Kombiticket** den Besuch aller städtischen Kultureinrichtungen (Preis: 15 €, Kinder und Jugendliche 5 €).

Zwei Tage ist die **Museumskarte Antwerpen** gültig, die freien Eintritt in fast alle Kultureinrichtungen der Stadt und drei Tage freie Fahrt mit den öffentlichen Verkehrsmitteln der Stadt erlaubt (Preis: 20 €). Erhältlich sind die Pässe bei den Tourismusämtern (s. S. 97), den städtischen Verkehrsbetrieben und an den Museumskassen.

Eine weitere Sparoption bietet das sogenannte **Ein-Euro-Ticket,** das Kindern und Jugendlichen bis 26 Jahren in viele Museen der flandrischen Städte für 1 Euro Eintritt gewährt (www.1euromuseum.be).

Museen, die mit einer magentafarbenen Nummer (14) als Hauptsehenswürdigkeit ausgewiesen sind, werden im Kapitel „Flandern entdecken" ausführlich beschrieben. Dort finden sich auch alle praktischen Informationen wie Adresse, Öffnungszeiten usw.

(14) [I D9] **Königliches Museum der Schönen Künste,** Antwerpen. Wegen Renovierungsarbeiten ist die Sammlung bis 2017 geschlossen. Die wichtigsten Exponate wurden jedoch auf andere Ausstellungsorte in der ganzen Stadt verteilt: Liebfrauenkathedrale (7) (Rubens-Werke), Museum aan de Stroom (s. S. 38, Alte Meister), Koningin Fabiola-Zaal (s. S. 37, 19. und 20. Jahrhundert)

M116 [I E7] **Modemuseum MoMu,** Nationalestraat, Antwerpen, Tel. 03 4702774, www.momu.be, Di.–So. 10–18 Uhr (erster Donnerstag im Monat bis 21 Uhr), Eintritt: 6 €. Aktuelle Kleidungstrends sowie Mode aus den letzten 500 Jahren (s. S. 60).

(15) [I F5] **Museum aan de Stroom (MAS),** Hanzestedenplaats 1, Antwerpen, Tel. 03 3384434, www.mas.be, Di.–So. 10–17 Uhr, 5 € Dauerausstellung, 8 € Wechselausstellung, Kombiticket 10 €. Über 50 Millionen Euro kostete der architektonische Prachtbau zwischen Willemdock und Bonapartedock im Norden Antwerpens. Das neue Museum vereint die Sammlungen des Nationalen Schiffahrtsmuseums mit denen des Volkskundemuseums und des Ethnografischen Museums.

M117 [I F7] **Museum Mayer van den Bergh,** Lange Gasthuisstraat 19, Antwerpen, http://museum.antwerpen.be/mayervandenbergh, Tel. 03 2324237, Di.–So. 10–17 Uhr, 4 € (Kombiticket mit Rubenshaus (5) 6 €). In einem alten neogotischen Herrenhaus trug der Sammler Fritz Mayer van den Bergh Ende des 19. Jh. mittelalterliche und barocke Kunstwerke zusammen: Plastiken, Möbel, Gemälde, Teppiche und Schmiedearbeiten von hohem künstlerischen Rang. Zu den bedeutendsten gehört ein Werk des niederländischen Malers Pieter Brueghel d. Ä.: die „Dulle Griet", ein Weltuntergangsszenario voll höllischer Visionen.

12 [I D7] **Museum Plantin-Moretus,** Antwerpen. Eine der wichtigsten europäischen Druckwerkstätten der Renaissancezeit beherbergt heute eine einmalige typografische Sammlung, u. a. auch eine Gutenbergbibel.

M118 [I C9] **Museum van Heedendaagse Kunst (MuHKA),** Leuvenstraat 32, Antwerpen, Tel. 03 2609999, www.muhka.be, Di.–So. 11–18 Uhr (Do. bis 21 Uhr), 6 €. In einem ehemaligen Getreidespeicher und Warenhaus präsentiert das Museum für Zeitgenössische Kunst moderne und modernste Kunst. Mehrmals jährlich wechselnde Ausstellungen sollen einen Einblick in aktuelle Entwicklungen des Kunstmarktes geben.

M119 [I F6] **Rockoxhuis,** Keizerstraat 10–12, Antwerpen, Tel. 03 2019250, www.rockoxhuis.be, Di.–So. 10–17 Uhr, 2,50 €. In authentisch möblierten Zimmern finden sich in dem Patrizierhaus des ehemaligen Bürgermeisters Nicolaas Rockox heute Gemälde von Rubens, van Dyck, Jordaens, Teniers, Brueghel, Quentin Massys (Metsys) und anderen. Im Nachbarhaus lebte einst der Maler Frans Snijders, der mit Rubens zusammenarbeitete.

Brügge

M120 [II D6] **Choco-Story,** Wijnzakstraat 2, Brügge, Tel. 050 612237, www.choco-story.be, tgl. 10–17 Uhr (Tickets bis 16.15), Eintritt: 7 €, Kinder 4 €

M121 [II D6] **Frietmuseum,** Vlamingstraat 33, Brügge, www.frietmuseum.be, Tel. 050 340150, tgl. 10–17 Uhr, 6 €, Kinder 4 €. In einer mittelalterlichen Halle erzählen rund 400 Exponate Pommes-frites-Geschichte. Mit viel Liebe zum Detail hat man dort historisches Gerät zur Pommesfertigung zusammengetragen: Kochtöpfe, Kartoffelschneider und vollautomatische Frittomaten. Filme geben Einblick in die mehr als tausendjährige Kartoffelgeschichte und die richtige Frittenwerdung. Und selbstverständlich gehört auch ein Imbiss zum Museum, ein „Friturist" serviert im Keller feinste Kartoffelstäbchen.

21 [II D8] **Groeninge-Museum,** Brügge. Werke aus sechs Jahrhunderten flämischer Kunst, insbesondere die Meisterwerke der altniederländischen Malerei (van Eyck, Memling usw.), machen das nach langer Renovierungszeit im Juni 2011 wieder eröffnete Groeninge Museum zu einer wahren Schatzgrube.

M122 [II D8] **Gruuthuse-Museum,** Dijver 17, Brügge, Tel. 050 448711, Di.–So. 9.30–17 Uhr, 6 €. Hinter spätmittelalterlichen Mauern präsentieren sich Skulpturen, Möbel, Keramiken, Wandteppiche und andere Einrichtungsgegenstände von kunsthistorischem Wert neben einer kleinen Münzkollektion.

M123 [II D8] **Memling in Sint-Jan,** Mariastraat 38, Brügge, Tel. 050 448686, Di.–So. 9.30–17 Uhr, Apotheke 11.45–14 Uhr geschlossen, 8 € (inkl. Audioguide), Kinder und Jugendliche bis 25 Jahre 1 €. Eines der ältesten mittelalterlichen Hospitäler bietet heute Platz für herausragende flämische Kunst, insbesondere religiöse Kunst, die in den restaurierten ehemaligen Krankensälen gut zur Geltung kommt. Sehenswert ist auch die komplett erhaltene Apotheke mit Kräutergarten im benachbarten Bruderkloster. Als wahre Schatzkammer präsentiert sich die Korneliuskapelle mit sechs Originalbildern des flämischen Malers Hans Memling aus dem 15. Jh., darunter der sogenannte Ursula-Schrein, seine wohl berühmteste Arbeit. Die Bildlegende erzählt die Geschichte der heiligen Ursula, der Tochter des Königs von Britannien – eine grausame Geschichte, die vor den Toren Kölns mit ihrer und der Ermordung von elftausend Jungfrauen endet. Kunstkenner verblüfft dabei immer wieder, wie genau Memling das Panorama der rheinischen Domstadt wiedergegeben hat.

M124 [II F6] **Musem voor Volkskunde (Volkskundemuseum Brügge),** Balstraat 43, Brügge, www.museabrugge.be, Di.–So. 9.30–17 Uhr, 2 €. Acht Häuschen aus dem 17. Jh. geben Einblick in das Leben von früher. Jeden Donnerstagmittag wird in der Museumsbäckerei nach alten Rezepten neu gebacken.

Gent

M125 [III E4] **Huis van Alijn (Volkskundemusem Gent),** Kraanlei 65, Gent, www.huisvanalijn.be, Tel. 09 2692350, Di.–Sa. 11–17, So. 10–17 Uhr, 5 €. Das kleine Museum im Herzen der Stadt erzählt vom Alltag aus der ersten Hälfte des letzten Jahrhunderts, von Mundart und Bräuchen, die die Flamen hier einst pflegten. Besonders schön ist der Innenhof des Museums, der vom Museumscáfé bewirtschaftet wird.

M126 [III E8] **Kunsthalle St. Petersabtei,** Sint-Pietersplein 9, Gent, Tel. 09 2439730, www.gent.be/spa, Di.–So. 10–18 Uhr, 8 €. Highlight ist eine virtuelle Tour mit dem Benediktinermönch „Alison", der zu den Geheimnissen der Abtei führt. Ein Spaß für die ganze Familie!

M127 [III A2] **Museum Dr. Guislain – Geschichte der Psychiatrie (Außenseiterkunst),** Jozef Guislainstraat 43, Gent, www.museumdrguislain.be, Tel. 09 2163595, Di.–Fr. 9–17, Sa.–So. 13–17 Uhr, Eintritt: 6 €. Das gibt es nur einmal in Belgien: ein ganz der Psychiatrie und ihrer Geschichte gewidmetes Museum. Die älteste psychiatrische Einrichtung des Landes, ein Irrenhaus aus dem Jahr 1857, bildet die eindrucksvolle Kulisse. Die Geschichte der Psychiatrie dokumentieren zahllose Fotografien aus dem 19. Jh. und ausgesuchte Ausstellungsstücke. Anhand einer großen Sammlung sogenannter „Außenseiterkunst" fragt das Museum zudem, was normal ist oder nicht – eine Frage, die den Toleranzbegriff schärfen soll.

41 [III E9] **Museum für Schöne Künste,** Gent. Der Schwerpunkt liegt in Gent auf der Kunst des 19. und 20. Jahrhunderts: Romantiker, Impressionisten, Expressionisten und Surrealisten verzaubern hier die Betrachter. Weiteres Highlight der Sammlung sind zwei Gemälde von Hieronymus Bosch.

M128 [III F4] **Museum für Industrie-Archäologie und Textil (MIAT),** Gent, Minnemeers 9, Tel. 09 2694200, www.miat.gent.be, Di.–So. 10–18 Uhr, 5 €. Das Museum in einer ehemaligen Baumwollspinnerei erzählt über fünf Stockwerke vor allem alte Technikgeschichte anhand ursprünglicher Maschinen. Die Textilgeschichte führt bis in die Moderne und macht deutlich, was Kleidung heute alles kann.

M129 [III D5] **Museum voor Sierkunsten (Designmuseum Gent),** Jan Breydelstraat 5, Gent, Tel. 09 267999, http://design.museum.gent.be, Di.–So. 10–18 Uhr, 5 €. Im alten Bürgerhaus „Hotel de Coninck" aus dem 18. Jh. finden sich Meisterwerke europäischer Designer neben Prachtstücken des Art déco. So gehört dem Museum eine der schönsten Art-nouveau-Sammlungen Belgiens. Die ausgestellten Designerstücke umfassen Möbel, Kleidung, Keramik, Glas und Kleinfahrzeuge.

M130 [III E9] **S.M.A.K. Gent,** Citadelpark, Gent, Tel. 09 2696004, www.smak.be, Di.–So. 10–18 Uhr, 6 €, Kinder und Jugendliche gratis. Das Museum für Aktuelle Kunst, das größte seiner Art in Flandern, liegt direkt neben dem Museum für Schöne Künste 41 im Citadelpark. Hier legt man Wert auf ständig wechselnde Ausstellungen zeitgenössischer Künstler. Neben den Wechselausstellungen zeigt das Museum immer wieder neue Werke aus seinem mehr als 2000 Arbeiten umfassenden Fundus. Das S.M.A.K. gilt wegen seiner Präsentationsformen als Trendsetter zeitgenössischer Kunst. Für

Besucher werden auf Wunsch Führungen organisiert.

39 [III D8] **STAM – Stadtmuseum Gent,** Bijlokesite, Godshuizenlaan 2, Gent, Tel. 09 268790, www.stamgent.be, Di.–So. 10–18 Uhr, 5 €. Das neue Stadtmuseum erzählt Gents Geschichte auf modernste Art: virtuell und real mit vielen archäologischen Funden, Gemälden und anderen musealen Gegenständen. Jährliche Sonderausstellungen beleuchten regionale Themen.

FLANDERNS STÄDTE ZUM TRÄUMEN UND ENTSPANNEN

Ja, auch in den großen Städten Flanderns gibt es Plätze zum Träumen und Entspannen, **grüne Oasen der Ruhe,** die man freilich ein bisschen suchen muss. Drei Orte, an denen man von Frühjahr bis Herbst sich während des Stadtrundgangs gut entspannen kann, seien an dieser Stelle empfohlen.

So lockt in **Antwerpen** der **Stadspark** [I G8], ein grünes Dreieck mitten im Häusermeer. Jogger lieben ihn ebenso wie Mütter und Väter, die mit ihren Kindern spielen – und Hundebesitzer, die mit Plastikbeuteln in der Hand und ihren Lieblingen an der Leine hier ihre Runden drehen. Bäume, Sträucher und Rasen säumen die großteils asphaltierten Wege, aber auch zahlreiche Teiche, in denen sich Enten und andere Wasservögel sichtbar wohlfühlen. Die vielen Denkmäler im Park, die an große und kleine Momente der Stadtgeschichte erinnern, vermitteln ein wenig von der goldenen Zeit Antwerpens.

021fl Abb.: gs

► *Brügge: Idylle im Koningin Astrid Park*

Brügge bietet mit dem **Koningin Astrid Park** [II E7] eine Alternative zum meist überlaufenen Minnewaterpark am Hof der Beginen 23. Hier trifft sich tagsüber die Jugend zum Frisbeespielen und anderem Freizeitsport. Ruhiger ist es ein paar Minuten weiter Richtung Nordosten, wo eine Festungsanlage die Stadt begrenzt, ein grüner Hügel, von dem man einen schönen Blick auf die mittelalterliche Kulisse der Stadt hat. Obenauf stehen **Brügges bekannte Windmühlen,** die manche Postkarte zieren. Zwei davon kann man im Sommer besichtigen: die aus dem 18. Jh. stammende St. Janshuismolen [II F5] und die Koeleweimolen [II F4] (Di.–So 9.30–12.30 u. 13.30–17 Uhr, 2 €).

020fl Abb.: gs

Gents grüne Vorzeigeoase ist der **Citadelpark** [III D/E9], ein 16 ha großes Freizeitareal ganz in Bahnhofsnähe. Er ist nach der größten Zitadelle benannt, die hier im frühen 19. Jh. zur Verteidigung der Stadt angelegt wurde. Die Militäranlagen verschwanden jedoch 1913 mit der Weltausstellung. Heute ist der Citadelpark ein wunderschöner Park im englischen Landschaftsstil, der seit 1984 mit seinen Wiesen, Bächen und künstlichen Wasserfällen unter Naturschutz steht.

Nur ein paar Schritte weiter findet sich mit dem **botanischen Garten der Universität** in der K. L. Ledeganckstraat ein weiteres grünes Juwel (www.plantentuin-gent.be), das ebenfalls öffentlich zugänglich ist. Tausende, zum Teil sehr seltene Pflanzen wachsen hier, fast alle wissenschaftlich ausgeschildert. Ein Hort der Ruhe und der Erkenntnis, in dem man sich vom anstrengenden Museumsbesuch – Gents wichtigste Sammlungen liegen in unmittelbarer Nähe – erholen kann.

▲ *Eine der markanten Windmühlen am Brügger Stadtrand*

AM PULS DER REGION

002fl Abb.: gs

Flandern, heute eine Region aus den fünf Provinzen Limburg, Antwerpen, Flämisch-Brabant, Ostflandern und Westflandern, ist Belgiens Kernzelle. Fast sechs Millionen Menschen leben hier, die Mehrzahl Katholiken. Ein Volk mit reicher Geschichte – selbstbewusst und immer auch nach Unabhängigkeit strebend. Nicht nur der niederländischen Sprache wegen, die Flandern von der französischsprachigen Wallonie trennt. 2000 Jahre Geschichte prägen das Land, Jahrhunderte, in denen die Flamen mit immer neuen Herrschern zurechtkommen mussten. Gute und schlechte Zeiten waren das, die der Region Reichtum und Beachtung, aber auch Kriege und Armut brachten.

VON DEN ANFÄNGEN BIS ZUR GEGENWART

Flanderns Anfänge **wurzeln in römischer Zeit.** „Provincia Gallia Belgica" nannten die Römer die einst von Julius Caesar unterworfene Provinz. Sieben Jahre hatten dessen Truppen gebraucht, um die dort lebenden Kelten niederzuringen. Caesars Nachfolger urbanisierten das Land, bauten Straßen und Häuser. Nach dem Zerfall des Römerreiches kamen die Franken – und mit ihnen irische und schottische Missionare, welche die Menschen nach und nach christianisierten.

Im frühen Mittelalter tauchte schließlich der Name „Flandern" erstmals auf, die Region um Brügge nannte sich „Pagus Flandrensis", Flanderngau. Balduin hieß einer der ersten Grafen dieses Landstrichs. Er machte als „Eisenarm" von sich reden und residierte in Brügge. Als eigentlicher Begründer des Territorialstaates Flandern aber gilt sein Nachfolger **Balduin II.** (879–918), der von der Auflösung des Frankenreichs profitierte, das die Normannen zerschlagen hatten. Seine Söhne erweiterten das flandrische Territorium in südlicher und östlicher Richtung, ehe die Franzosen allen weiteren Expansionsbestrebungen schließlich ein Ende bereiteten.

◄ Vorseite: Drehorgelspieler vor dem Portal der Kathedrale 7 in Antwerpen

Unter den flandrischen Grafen wurde die von riesigen Sümpfen durchzogene Region, die immer wieder Stürme und Überschwemmungen heimsuchten, langsam trockengelegt, Städte wie Brügge eingedeicht. Schon um 1300 konnten so 90 % der einst von der Schelde überfluteten Landstriche wirtschaftlich genutzt werden. In der Folge stiegen Brügge und Gent zu Weltmetropolen auf, zu **Dreh- und Angelpunkten mittelalterlichen Handels.**

Hinzu kam eine **florierende Textilindustrie**, die ganz Europa mit Tuchen versorgte. Der neue Reichtum spiegelte sich in großen Kirchen und gigantischen Türmen, die als Belfriede heute unter dem Schutz des Weltkulturerbes stehen. Mit dem Wohlstand wuchs jedoch auch das Selbstbewusstsein der Menschen, die sich vom Adel nicht länger alles vorschreiben lassen wollten. Immer wieder kam es so zu **Aufständen**, zu Auseinandersetzungen zwischen Regierten und Regenten.

Als 1384 der letzte flandrische Graf ohne Nachfolger starb, fiel Flandern, das etwa seit dem 11. Jahrhundert zum Territorium der sogenannten „Niederen Lande“ zählte, an Burgund. Philipp der Kühne wurde neuer Herrscher der Region, **unter dem Burgunder und seinen Nachfolgern** blühten Musik und Malerei, Architektur und Literatur Flanderns auf. Diese **kulturelle Hochphase** spiegelte sich zum Beispiel in der Produktion kunstvoller sogenannter „Stundenbücher“, die in großer Auflage in Brügge und Gent entstanden und bis heute stumme Zeugen einer der künstlerisch wertvollsten flämischen Epochen sind.

Durch die Heirat Marias von Burgund mit Maximilian von Österreich anno 1477 rückten die **Habsburger** als neue Landesherren nach. 1519 wurde Karl V., der in Gent zur Welt kam, schließlich Kaiser des Heiligen Römischen Reiches. Mitten in seine Regierungszeit aber fielen **Luthers neue Lehren**, die in den bis dahin katholischen Niederlanden auf fruchtbaren Boden fielen – etwa bei den Augustinern in Antwerpen, von denen zwei 1523 in Brüssel hingerichtet wurden, weil sie den neuen Glauben propagierten. Inquisitionsgerichte sollten seine Ausbreitung stoppen, doch in Gent und Antwerpen fand die neue Religion immer mehr Resonanz. Vor allem Calvinisten schürten den Glaubenskampf, ermordeten katholische Priester und plünderten Kirchen. Diese Epoche ging als **reformatorischer Bildersturm** in die Geschichte ein.

Auf dem Höhepunkt der Auseinandersetzungen schickte Karls Sohn, Philipp II. von Spanien, 1567 schließlich den **berühmt-berüchtigten Herzog Alba** in die Niederlande, um den Aufruhr niederzuschlagen. Die Calvinisten aber wehrten sich und schlossen sich in ihren nördlichen Provinzen zu einem Schutzbündnis gegen die katholischen Spanier zusammen. Jahrzehnte dauerte der **Glaubenskampf** an, Zehntausende verloren ihr Leben. Hunderttausende flohen aus dem Süden Richtung Norden, was zur Folge hatte, dass aus dem Fischerdorf Amsterdam in kurzer Zeit eine Weltstadt wurde, die Antwerpen den Rang ablief.

1585 musste sich das inzwischen calvinistische Antwerpen nach langer Belagerung dem Herzog von Parma, damals Befehlshaber der spanischen Truppen, ergeben. 1604 fiel mit Ostende die letzte aufständische Bastion an die Spanier zurück. Damit war das Schicksal der Region besiegelt. Es folgte die **Aufteilung des Landes** in die nördlichen Niederlande, die noch heute unter diesem Namen existieren, und die später habsburgisch regierten südlichen Niederlande, die heute weitgehend mit Belgien identisch sind.

Zwar wurden die Niederlande, Belgien und Holland zwischendurch politisch wieder vereint, zu groß aber waren inzwischen die Differenzen zwischen Nord und Süd, die Unterschiede in Sprache und Wirtschaft. Schließlich kam es 1830 in Brüssel zur **belgischen Revolution.** Am Ende stand das neue Königreich Belgien, für dessen nördlichen, den niederländischsprachigen Teil, sich rasch der Name Flandern einbürgerte.

Heute ist Flandern nicht nur der **wirtschaftliche Motor Belgiens.** So geht es den Menschen hier deutlich besser als den Wallonen im Süden. Viele Milliarden Euro an Transferzahlungen bedeutet das für die Flamen. Statistisch, so will es die Belgische Zentralbank ausgerechnet haben, unterstützt jeder Flame sein in Wallonien lebendes Gegenüber mit rund 1000 € im Jahr. Dieses Ungleichgewicht ist immer wieder Anlass für politische Auseinandersetzungen. Die **kulturellen und sozialen Verwerfungen zwischen den niederländischsprachigen Flamen und den französischsprachigen Wallonen** sind auch zu Beginn des 21. Jahrhunderts ein Dauerthema. Mit großem diplomatischen Geschick und politischen Zugeständnissen haben die Belgier bislang ein Auseinanderbrechen ihres Landes verhindert – ob das so bleibt?

DIE FLAMEN – SELBSTBEWUSST UND SINNESFROH

Die Flamen – Belgier von Nationalität, im Herzen halb Germanen, halb Franken – sind ein **eigenständiges Völkchen.** Von Spaniern und Franzosen, die hier lange regierten, übernahmen sie alles, was das Leben schöner und leichter macht – vor allem gutes Essen und Trinken. „Vlaming“ nennen sie sich selbst, ein Ausdruck, der auf den historischen Roman „Der Löwe von Flandern“ zurückgehen soll. Das zum Jahresende 1838 erschienene Buch erzählt vom Aufstand der Flamen gegen die Franzosen im 13. Jh. Dieser Schlüsselroman steht am Anfang jenes Selbstbewusstseins, das die Flamen heute auszeichnet.

„Ach“, urteilte der Journalist Siggi Weidemann über das Volk, „mit den Flamen ist es ja so: Entweder man ist ihr bester Freund oder man existiert nicht. Es macht ihnen viel Spaß, Fremden eine Karikatur ihres Landes vorzugaukeln. Ein Volk von Schauspielern und Gauklern, die gerne aus allem ihren Vorteil holen wollen. Sie sagen Ja und meinen Nein, und sie pflegen ihre sozialen Rituale.“ Was noch? „Sie sind nicht so chauvinistisch wie Franzosen, nicht so besserwisserisch wie Deutsche, nicht so selbstgefällig wie Holländer – alles ihre Nachbarn –, und sind dem Leben zugeneigt.“

Eine **besondere Beziehung** pflegen die Flamen **zu den Niederländern**, mit denen sie einst zusammenlebten, dann gegeneinander einen Glaubenskrieg führten und sich schließlich trennten. Zwar sind sie sich heute längst nicht mehr spinnefeind, aber doch – vornehm formuliert – **von unterschiedlicher Mentalität.** Zwei Witze werden immer wieder gern erzählt, um das Verhältnis zwischen beiden Landsmannschaften zu charakterisieren. „Weißt Du, wie Flamen eine Champagnerfabrik einweihen? Sie lassen ein Schiff dagegen fahren!“ Umgekehrt fragen sich die Flamen, warum man den calvinistischen Nachbarn keine Witze erzählen soll. „Weil sie sonst sonntags in der Kirche lachen müssten.“

Flame aber ist nicht gleich Flame. So wie Düsseldorf sich mit Köln frotzelt, nehmen sich auch die großen flämischen Metropolen gern gegenseitig auf die Schippe. Gent und Brügge sind sich nicht nur sprachlich wegen eigener Dialekte fremd, noch größer ist die Kluft zwischen Brügge und Antwerpen. **Jede Stadt hat ihren eigenen Stolz,** meint besser zu sein als die andere.

So heißen die Bürger Brügges im Volksmund *Bruggelingen. Sinjoren* nennen sie sich in Antwerpen. Mit letzterem Ausdruck sind keine alten Leute gemeint, sondern ein junges Völkchen, das mit seinen *Sinjoren* auf die Zeit spanischer Herrschaft anspielt, als die *Señores* den Ton angaben. Allerdings dürfen sich nur die *Sinjoren* nennen, die selbst und ihre Eltern sowie Großeltern im Stadtkern, dem mittelalterlichen Antwerpen, geboren wurden.

Noch selbstbewusster geben sich die *Gentearen,* die Einwohner Gents, die neben ihrem eigenen Dialekt auch noch stolz darauf sind, mit einem Strick um den Hals herumzulaufen. *Stroppendrager* oder *Stropkes* nennt man sie deshalb. Der Strang erinnert an ein finsteres Kapitel Genter Stadtgeschichte: Mitte des 16. Jh. hatten sich die Genter gegen Kaiser Karl V. erhoben, der ihnen – aus Trotz, dass sie ihm die Kriegssteuern verweigerten – zahlreiche Privilegien genommen hatte. Im Mai 1540 mussten die aufmüpfigen Rädelsführer deshalb barfuß und mit einem Strick um den Hals den Kaiser um Vergebung für ihren Aufstand bitten. Seitdem ist der Strick zum **Zeichen bürgerlicher Selbstständigkeit** geworden. Man kann heutzutage schwarz-weiße Stränge sogar als Souvenir kaufen.

So uneins die Flamen aber untereinander sind, so fest halten sie nach außen zusammen, schließlich mussten sie sich ihr Selbstbewusstsein hart erkämpfen. So ist ihre **gemeinsame Sprache**, das „Nederdytsch", erst seit 1932 in Belgien offiziell anerkannt. Bis dahin galt das Flämische als Sprache der Bauern und Proleten, der Staat versuchte das Französische auch in den Nordprovinzen als offizielle Sprache einzuführen.

022fl Abb.: gs

► *Alte Kanäle im neuen Brügge*

LEBEN AM WASSER

Im Lauf der Jahrhunderte trotzten die Flamen dem Meer ein Großteil ihres Landes ab. Wo heute Brügge, Gent und Antwerpen liegen, fanden sich zu Beginn unserer Zeitrechnung **meist große Feuchtgebiete.** Mit der Zeit aber legten die ersten Siedler diese langsam trocken und schufen sich so ihren neuen Lebensraum. Über die Schelde hatte Antwerpen schon immer einen Zugang zur großen, weiten Welt. Eine **schreckliche Sturmflut** bescherte Mitte des 12. Jh. Brügge schließlich eine schiffbare Fahrrinne ins benachbarte Damme, die man durch Kanalbauten bis in die Stadt verlängerte. Damit hatte auch Brügge einen direkten Zugang zum Meer, sodass die Stadt schnell zu einer der wichtigsten Handelsmetropolen der Welt heranwuchs, zur Endstation einer hansischen Haupthandelslinie, die vom russischen Novgorod über das gotländische Visby, Bremen und London bis nach Brügge reichte.

Gent schließlich wurde durch einen Kanal direkt an das Meer angeschlossen, sodass alle drei Städte sich schnell **zu Hafen- und Handelsmetropolen entwickelten**, deren

Bild Kaufleute und Matrosen ebenso prägten wie Hunderte von Tagelöhnern, die die Waren Tag für Tag ein- oder ausluden. Die feinsten Häuser standen rechts und links der Kanäle, prächtige Bauten, wie man sie noch heute in Gent oder Brügge bewundern kann.

Mit dem **Niedergang des Tuchhandels**, Gents und Brügges wichtigstem Exportgeschäft, verloren auch die Häfen an Bedeutung. In Antwerpen war es **die Sperrung der Schelde**, die 1648 im Westfälischen Frieden verfügt wurde, und die Stadt buchstäblich von der Welt abschnitt. Das änderte sich erst mit den Franzosen, die nach der Besetzung der Stadt als Erstes die alten Kais wieder öffnen ließen und so den Handel neu belebten. Den Puls der Stadt aber beschleunigte das nur wenig.

Inzwischen nämlich hatten die Menschen auch die andere Seite eines Lebens am Wasser kennengelernt: **Seuchen und Krankheiten**, die über das Wasser übertragen wurden, **große Sturmfluten und Überschwemmungen**, die ebenfalls Tod und Verderben brachten. Mancher Kanal wurde deshalb zugeschüttet, andere überbaut. Die Städte verloren ihren Hafencharakter.

Inzwischen aber hat sich der Wind gedreht. Die flandrischen Metropolen **entdecken ihre alte maritime Geschichte neu.** Rechts und links der alten Flüsse und Kanäle pulsiert heute wieder das Leben. In Brügge, dem „Venedig des Nordens", gehört die Rundfahrt auf der Reie zur wichtigsten Touristenattraktion (s. S. 76), rechts und links der alten Kanäle öffnen ständig neue Restaurants oder Hotels. Das gilt auch für Gent, wo die Gegend um Gras- und Korenlei 35, das Kerngebiet mittelalterlichen Handels, heute eines der wichtigsten Szeneviertel der Stadt ist. Und auch im Studentenquartier schart sich die Jugend im Sommer gern entlang der alten Kanäle. Kein Wunder, dass die Stadt plant, weitere Kanäle wieder zu öffnen und alte Hafenanlagen neu zu beleben.

Besonders deutlich zeigt sich auch in Antwerpen die **neue Hinwendung zum Wasser.** Seit Millionen in den Hochwasserschutz investiert wurden und neue Überlaufpolder am Unterlauf der Schelde die Überschwemmungsgefahr weiter reduzierten, ist das Leben am Fluss Mode geworden. Auch die alten Hafenanlagen, die nach dem Bau des neuen Überseehafens ganz im Norden der Stadt überflüssig wurden, entdeckte man in den letzten Jahren neu. Stararchitekten aus aller Welt drückten Antwerpen mit **modernen Bauten an der Wasserfront** ihren Stempel auf – als sichtbarer Kontrast zu den alten Handelshäusern und Kirchen im Stadtinneren. Lebendiger Beweis ist das im Mai 2011 eröffnete **Museum aan de Strom (MAS)** 15, ein mehr als 60 Meter hoher architektonischer Prachtbau, dessen Außenwände indischer Sandstein ziert.

Und auch Wohnen, Arbeiten und Leben am Wasser wird immer beliebter. So entstanden im Süden und Norden Antwerpens Tausende neuer Wohnungen, Szeneviertel wie Het Zuid 13 oder 't Eilandje 15 mit schicken Kneipen und gestylten Restaurants, Galerien und Boutiquen. Viele der alten Speicherhallen und Fabriken rund um die Docks, die jahrelang leerstanden, werden heute von Künstlern und modernen Dienstleistern genutzt.

FLANDERN ENTDECKEN

003fl Abb.: gs

ANTWERPEN ENTDECKEN

Antwerpen ist eine Völkermühle, gleichwohl eine Metropole mit eigener Identität in einer der am dichtesten besiedelten Regionen Belgiens. Rund eine halbe Million Menschen aus mehr als 160 Nationen leben hier. Europas größte jüdische Gemeinde ist im Norden Belgiens zu Hause, muslimische Milizen, aber auch die Partei Vlaams Belang, Flanderns größter rechtsextremer Politblock. In einer Kulisse aus Mittelalter, Barock und Neuzeit verschmelzen in Antwerpen Zukunft und Vergangenheit. Peter Paul Rubens ist eines der Aushängeschilder, aber auch die „Antwerp Six", die zu den bedeutendsten Modedesignern der Welt gehören. Und natürlich ist Antwerpen mit seinen vier Diamantenbörsen und einem der größten Häfen der Welt noch immer eine der wichtigsten Wirtschafts- und Handelsmetropolen Europas.

GESCHICHTE

Das alte „Aanwerp" wurzelt in einer gallo-romanischen Siedlung aus dem zweiten Jahrhundert – etwa da, wo die Burg Steen (10) ihren Platz hat. Legende allerdings ist die rührselige Story um den tapferen römischen Soldaten Silvius Brabo (s. S. 59), der einem Riesen einst die Hand abgeschlagen haben soll und im Volksglauben deshalb als heimlicher Stadtgründer gilt. Historisch kommt diese Rolle eher Amandus zu, einem christlichen Missionar, der im 8. Jahrhundert das „Infra Castrum Antwerpis" gründete.

Unter wechselnder Herrschaft reifte der Stützpunkt langsam zur Handels- und Hafenstadt. Mit dem Stapelrecht für Wolle und Gewürze lief Antwerpen schließlich Brügge den Rang ab. Schon Mitte des 16. Jh. zählte man fast 100.000 Einwohner, täglich machten Hunderte von Schiffen in der Stadt Halt – allein Antwerpen hatte 4500 eigene Schiffe im Einsatz. Bis zu 2000 Frachtwagen aus Deutschland, Frankreich und Lothringen fuhren täglich auf das Hafengelände, wo in über 1000 Handelshäusern die Waren umgeschlagen wurden. **Prächtige Zunfthäuser und große Kirchen** spiegelten den Wohlstand wider. „Die Welt ist ein Ring", sagte ein Sprichwort damals, „und Antwerpen der Diamant darin."

Der **Glaubenskampf zwischen Katholiken und Protestanten** aber, als Bildersturm in die Geschichte eingegangen, geriet in Antwerpen zur blutigen Schlacht. In nur 30 Jahren halbierte sich die Einwohnerzahl. Zehntausende von Protestanten flohen in die nördlichen Niederlande, wo sie in Rotterdam, mehr noch aber in Amsterdam, eine neue Heimat fanden.

Ein weiterer Schicksalsschlag war die **Sperrung der Schelde**, die 1648 im Westfälischen Frieden verfügt wurde und Antwerpen praktisch von der Welt abschnitt. Das änderte sich erst mit den Franzosen, die nach der Besetzung der Stadt als Erstes die alten Kais wieder öffnen ließen und so den Handel neu belebten. Vor allem Belgiens Kolonien in Afrika brachten neuen Wohlstand. Zwei Weltausstellungen unterstrichen den globalen Anspruch der Stadt.

Tausende versprachen sich damals in Antwerpen bessere Jobs, auch fast zehntausend Deutsche, die Anfang

◀ *Gent: Sommerfreuden an der Graslei* (35)

023fl Abb.: gs

des 20. Jh. in mehr als einem Dutzend deutscher Vereine in Antwerpen organisiert waren. „In allen besseren Gasthöfen, Wirtschaften usw. spricht man auch deutsch“, schrieb 1914 ein Reiseführer. Im Oktober gleichen Jahres besetzten die Deutschen aus strategischen Gründen die Stadt – und auch im Zweiten Weltkrieg stand Antwerpen zeitweise unter deutscher Zwangsherrschaft.

Nach dem Krieg profitierte die Stadt vom neuen **Überseehafen.** Aber auch die alten Hafenanlagen wurden in den letzten Jahren neu entdeckt. Stararchitekten aus aller Welt drückten Antwerpen mit modernen Bauten an der Wasserfront ihren Stempel auf. So entstanden im Süden und Norden Tausende neuer Wohnungen, Szeneviertel wie Het Zuid oder 't Eilandje mit schicken Kneipen und gestylten Restaurants, Galerien und Boutiquen – vor allem aber mit einmaligen Museen wie dem Museum für Zeitgenössische Kunst oder dem kürzlich eröffneten Museum aan de Stroom.

ERLEBENSWERTES IM ZENTRUM

Antwerpen lernt man am besten zu Fuß kennen, denn trotz seiner Größe ballen sich die Sehenswürdigkeiten auf engem Raum. So ist es nur eine gute Stunde von den alten Docks im Norden, dem Szeneviertel Eilandje, ins Museumsquartier im Süden. Noch kürzer ist der Weg vom neu gestylten Zentralbahnhof im Osten zur Schelde, die im Westen an die Stadt grenzt. Mit der Orientierung hat man im Normalfall keine Probleme, bildet die Liebfrauenkathedrale mit ihrem 123 m hohen Turm doch das unübersehbare Herzstück des Zentrums.

Trotzdem sollte man sich bei seinem Rundgang Zeit nehmen, sind die Verlockungen unterwegs doch sehr groß. Mehr als ein Dutzend Museen, interessante Plätze mit Cafés und Bars, schicke Designerläden und große Kaufhäuser laden ebenso zum Halt ein wie prunkvolle Kirchen, Hinterhofkneipen und Gourmettempel, Brauhäuser und Imbissbuden.

1 Centraal Station ★★ [I H7]

Antwerpens Centraal Station gilt seit der Renovierung wieder als einer der schönsten Hauptbahnhöfe Europas. Ein Prachtbau, eher ein Tempel als eine Bahnstation.

Verschiedenfarbig sind die marmornen Wände, lichtdurchflutet die mächtigen Rundbogenfenster, einmalig die opulenten Stuckdecken, ausladend die breiten Treppen und Aufgänge unter der riesigen Kuppel. Der Bau ist ein **Gesamtkunstwerk**, das auch alle die besuchen sollten, die mit Bus oder Auto angereist sind.

◀ *Lampensockel vor dem Antwerpener Hauptbahnhof*

Inzwischen wurde der über hundert Jahre alte Bahnhof um einige Ebenen erweitert, hier halten heute Belgiens schnellste Züge ebenso wie Regionalbahnen und die Metro. Die Centraal Station lädt sogar zum Einkaufsbummel, haben doch **viele kleine Geschäfte und Cafés** in dem neobarocken Bau Unterschlupf gefunden. Ganz neu gestaltet wurde auch der Bahnhofsvorplatz (Koningin Astridplein). Um ihn reihen sich das sehenswerte Diamantenmuseum (s. S. 37), mehrere Hotels, von denen das supermoderne Radisson Blu Astrid Hotel (s. S. 108) mit seinen über 200 Zimmern sofort ins Auge fällt, und Aquatopia (s. S. 99), eine Aquarienschau mit vielen Tausend Fischen und anderen Meeresbewohnern. Noch mehr Tiere haben im Zoologischen Garten Platz gefunden, der ebenfalls an den Bahnhofsvorplatz grenzt.

▲ *Vielleicht Europas schönster Hauptbahnhof: Antwerpens Centraal Station* ❶

❷ Zoo Antwerpen ★★ [I I7]

Antwerpens Zoo zählt zu den schönsten Europas. Das liegt vor allem an den historischen Gebäuden, von denen viele unter Denkmalschutz stehen. Aus der Gründerzeit stammen viele Volieren und überall blitzt der **Jugendstil** ein bisschen auf, zeugen Säulen und Wände vom Glanz der Vergangenheit.

Aber auch die Fauna, darunter seltene Arten wie Okapis, Kongopfauen und Zwergschimpansen, kann sich sehen lassen. Im Serpentarium tummeln sich giftige Kriechtiere, Elefanten in nostalgischen Stallungen. Kinder kommen hier auf ihre Kosten!

› **Zoo Antwerpen,** Koningin Astridplein 26, Antwerpen, Tel. 03 2024540, www.zooantwerpen.be, tgl. 10–16.45 (Kernzeit), im Hochsommer bis 19 Uhr, Eintritt: 21 € (bis 17 Jahre 17 €)

❸ Diamantenviertel ★ [I H8]

Gleich neben dem Hauptbahnhof ❶ liegt Antwerpens Diamantenviertel. Zwischen Quinten Matsijslei und Pelikaanstraat werden an einer der vier Diamantenbörsen täglich viele Millionen Euro umgesetzt. Schätzungsweise 60 % aller Rohdiamanten werden hier gehandelt oder bearbeitet, **Hochkaräter für viele Milliarden Euro jährlich.** Mehr als 20.000 Menschen leben in Antwerpen vom Geschäft mit den funkelnden Steinen, das bis zu zehn Prozent der belgischen Außenhandelsbilanz ausmachen kann.

Den Reichtum sieht man dem Viertel nicht an. Trostlos und grau sind die Betonbauten in der Schup- und Hovenierstraat, dem Herz des Quartiers. Vieles hier gleicht einem **Hochsicherheitstrakt.** Videokameras überwachen jede Bewegung. Wer hier lange stehen bleibt oder sich auffällig verhält, gerät schnell ins Visier der Ordnungshüter.

Innerhalb nur einer Quadratmeile bilden rund 1500 Firmen und Betriebe das **Rückgrat der Diamantenindustrie.** Offizielle Preislisten gibt es kaum, schließlich ist der Edelsteinkauf Verhandlungssache, viele Verkäufe werden noch immer **per Handschlag abgewickelt.** Dabei dreht sich alles um die vier „C" des Diamantenhandels: um Carat (Gewicht), Colour (Farbe), Clarity (Reinheit) und Cut (Schliff). Juweliere von Weltrang kaufen in Antwerpen ihre Diamanten. Aber auch private Käufer finden mehr und mehr den Weg in die flandrische Stadt, wo die echten Edelsteine meist preiswerter sind als anderswo in Europa.

Auch Ratsuchende kommen häufig nach Antwerpen. Ihre Anlaufstation ist das **HRD Antwerp Institute of Gemmology**, ein 1976 gegründetes Institut, das sich ganz der Qualitätssicherung verschrieben hat. Wer will, kann seine „Schätzchen" hier von Fachleuten nach Güte und Preis unter die Lupe nehmen lassen.

●140 [I H8] **HRD Antwerp,** Diamond Lab, Hovenierstraat 22, Antwerpen, Tel. 03 2220611, www.hrd.be

Mitten im Diamantenviertel findet sich auch eine **Synagoge, Anlaufstelle für Europas größte jüdische Gemeinde.** Ihr gehören vor allem orthodoxe Juden an, die mit ihren pelzbesetzten Hüten und langen Bärten nicht zu übersehen sind – vor allem morgens und abends, wenn sie wie üblich zur Arbeit ins Diamantenviertel radeln. Auch in der „Beurs voor Diamanthandel", Antwerpens Börsensaal, der mehr einem Lesesaal als einem Milliardenumschlagplatz gleicht, fallen die jüdischen Händler gleich auf, auch wenn ihnen Russen und Australier immer mehr Konkurrenz machen, vor allem aber die Inder, die ihnen inzwischen den Rang abgelaufen haben.

Touristen haben Gelegenheit, beim Bummel durch das Diamantenviertel in die Welt der Edelsteine abzutauchen. Wissenswertes über die Diamantenherstellung erfährt man in Antwerpens größtem Diamanten-Showroom, dem **Diamondland** in der Appelmansstraat. Wer sich mehr für die Geschichte der edlen Steine interessiert, ist im neuen **Diamantenmuseum** am Bahnhofsvorplatz bestens aufgehoben. Sieben virtuelle Figuren wie ein Alchimist oder ein Minenarbeiter führen Besucher dort mittels Touchscreen durch die Abbauländer Afrika, Kanada und Indien, aber auch ins Innere der Rohedelsteine. Die über mehrere Etagen verteilte Ausstellung arbeitet mit Klang- und Videoinstallationen sowie interaktiven Spielen. Eindrucksvoll ist die Rekonstruktion der historischen **Diamantschleiferei De Eendracht**, wo man den Steinen mit Sägen zu Leibe rückte.

•**141** [I H7] **Diamondland,** Appelmansstraat 33a, Antwerpen, Tel. 03 2292990, www.diamondland.be, Mo.–Sa. 9.30–17.30, Führungen Mo.–Fr. 11 Uhr (auf Anfrage auch auf Deutsch)

› **Diamantenmuseum Provinz Antwerpen** (s. S. 37), Koningin Astridplein 19–23, Antwerpen, Tel. 03 2024890, www.diamantmuseum.be, tgl. außer Mi. 10–17.30 Uhr, Eintritt: 6 € (inklusive Audioführer)

4 Einkaufsmeile De Keyserley – Leysstraat – Meir ★★ [I G7]

Vom Hauptbahnhof fast schnurstracks Richtung Westen laufen die geschäftigsten Einkaufsachsen Antwerpens: De Keyserley, Leysstraat und Meir. Breite, von vielen Geschäften und Restaurants gesäumte Straßen, die bis auf die erste reine Fußgängerzonen sind.

025fl Abb.: gs

◄ *Die Meir, Antwerpens meistbesuchte Einkaufsstraße*

Juwelierläden, Straßencafés, Restaurants, ein Großkino und kleine Ladenpassagen prägen den **baumgesäumten Boulevard De Keyserley** (De Keizerlei). Ursprünglich sollte er Straßen wie dem Kurfürstendamm in Berlin Konkurrenz machen, doch durch den Bau billiger Großkinos in den 1980er-Jahren und anderer Bausünden verlor De Keyserley viel von seinem Charme.

Architektonisch gewichtiger wird die Route vom Hauptbahnhof Richtung Altstadt mit der **Leysstraat,** deren Eingang schon etwas vom Glanz goldener Wirtschaftszeiten vermittelt. Die stattlichen Häuser mit ihren **reich verzierten Giebeln und Kuppeln** sind Zeugnisse urbaner Identität, die Antwerpen bis heute prägt. Noch deutlicher wird das auf der **Meir,** der mit fast 250 000 Besuchern wöchentlich inzwischen meist besuchten Einkaufsstraße Belgiens. Wo heute eingekauft wird, befand sich einst ein Flüsschen, das freilich längst zugeschüttet und überbaut worden ist. Kaum zu glauben, dass man auf der Meir vor Jahrhunderten noch mit dem Boot unterwegs sein konnte.

Heute bieten die vielfach renovierten Prachtbauten des Empire und späterer Jahre Europas großen Ladenketten Unterschlupf: Möbel- und Textilhäusern, Schuh- und Haushaltswarenläden, Fast-Food-Restaurants und Markengeschäften. Zu den schönsten Kaufhäusern gehört der **Stadsfeestzaal** (Städtischer Festsaal), Meir 74–80, der nach seiner Renovierung zum Aushängeschild belgischer Shoppingkultur geworden ist (s. S. 15). Eine Stippvisite wert ist auch das 1903 fertiggestellte, einstige Kaufhaus Tietz gleich nebenan, vor allem aber das **Paleis op de Meir** (Meir 50), ein Adelspalast mit eindrucksvoller Rokokofassade. Das im 18. Jahrhundert erbaute Haus, in dem Napoleon ebenso residierte wie belgische und niederländische Könige, zeigt sich nach seiner Renovierung im alten Glanz. Ein Café lädt zur Ruhepause, im Sommer bietet sich dafür der schöne Innenhof an. Und im Erdgeschoss des alten Palastes hat zwischen Großgemälden mit biblischen Motiven der Schoko-Künstler Dominique Persoone seine Zelte aufgeschlagen. Hier kann man seinen Chocolatiers bei der Arbeit über die Schulter schauen.

Gleich um die Ecke befindet sich der **Platz Wapper** mit seinen Cafés und Restaurants – und dem Rubenshaus ❺. Am Ende der Meir findet sich mit dem KBC-Tower der angeblich erste Wolkenkratzer Europas – ein fast 100 m hoher Bau aus den frühen 1930er-Jahren.

❺ Rubenshaus (Rubenshuis) ★★★ [I F7]

Das Rubenshaus ist das wohl interessanteste Museum Antwerpens – auf alle Fälle eines der bestbesuchten. Mit aller Sorgfalt hat man Wohn- und Werkstatt des großen Malers rekonstruiert.

Wo der Maler mit seiner Familie einst lebte und arbeitete, drängen sich heute Kunstliebhaber aus aller Welt. Sie besichtigen sein Kabinett, sein Atelier, Küche und Kammern, die mit Möbeln und Haushaltsgeräten aus Rubens' Zeit ausgestattet sind. Und besonders gern flaniert man durch den gepflegten Garten hinter dem Palast, der dem der Renaissancezeit nachgebildet wurde.

> EXTRATIPP
>
> Rubens und seine Stadt kann man auf **ausgewählten Spaziergängen,** die das Tourismusbüro (s. S. 97) organisiert, näher kennenlernen. Wer auf eigene Faust den Spuren des Malers folgen will, dem sei das „Rubens-Wanderbüchlein" empfohlen, das dort ebenfalls zu erstehen ist. Es führt zu allen Plätzen und Gebäuden, die im Leben des Malers eine Rolle spielten.

Die meiste Aufmerksamkeit aber finden die **Malereien des Meisters:** frühe Werke wie „Adam und Eva", zahllose Porträts von Heiligen, aber auch Arbeiten seiner Schüler, Mitarbeiter und Freunde.

1577 wurde Peter Paul Rubens im westfälischen Siegen geboren. Als Zehnjähriger zog er mit seiner Mutter an die Schelde, wo er sich als Maler ausbilden ließ. Anno 1600 reiste er nach Italien, dort inspirierten ihn Künstler wie Tizian oder Veronese. Zurück in Antwerpen ernannte ihn das Regentenpaar Albrecht von Österreich und Isabella von Spanien zum Hofmaler, was ihm finanzielle Sorglosigkeit verschuf. Wenig später folgte die Heirat mit Isabella Brant. 1610 kaufte er das Palais am Wapper, einen **Renaissancepalast samt Lustgarten** und Pantheon im italienischen Palazzostil, der als Wohnhaus und Werkstatt diente.

Besonders gern arbeitete Rubens mit **Jan Brueghel d. Ä.** zusammen, den er in Rom kennengelernt hatte. Werke in Dessau, München und Potsdam zeugen noch heute von dieser Kooperation, bei der Rubens die Figuren und Brueghel die Landschaften ausgestaltete. Rubens aber war nicht nur Maler, sondern auch Diplomat,

Buchillustrator, Architekt, Sammler und Lehrer, ein Mann also, der das öffentliche Leben in der Stadt entscheidend prägte.

1630 heiratete der Senior noch einmal, und zwar eine Sechszehnjährige, die – wie Rubens-Biografen vermuten – das eine oder andere Bild neu beseelte. Die Gicht des Meisters aber vermochte auch sie nicht zu stoppen. Schwer krank starb er anno 1640. **Sein Grab** findet sich heute in der nicht weit vom Rubenshaus liegenden **Sankt Jakobuskirche.** Rubens ehemalige Pfarrkirche beherbergt 23 reich verzierte Marmoraltäre, die der Meister zum Teil mit ausgestattet hat.

› **Rubenshaus (Rubenshuis),** Wapper 9–11, Antwerpen, Tel. 03 201155, www.rubenshuis.be, Di.–So. 10–17 Uhr, 6 €

ii142 [I G6] **Sankt Jakobuskirche,** Lange Nieuwstraat 73–75, Antwerpen, Tel. 03 2011555, www.jacobus-antverpiae.be, April-Okt. tgl. 14–17 Uhr, Eintritt 2 €

026fl Abb.: gs

6 Groenplaats ★ [I E7]

Der Groenplaats ist mit Straßenbahnhaltestelle, Taxistandplatz und Tiefgarage das wichtigste **Tor zur Altstadt.** In seiner Mitte findet sich das eindrucksvolle **Rubensdenkmal** vor der Kulisse der Liebfrauenkathedrale 7.

Dank **zahlreicher Cafés und Kneipen** lädt der Platz vor allem im Sommer zum Verweilen ein, im Winter lockt der Weihnachtsmarkt. Auf alle Fälle eignet er sich immer als Treffpunkt! Ganz in der Nähe findet sich das Grand Bazar Shopping Center (s. S. 16).

7 Liebfrauenkathedrale (Onze-Lieve-Vrouwekathedraal) ★★★ [I E6]

Zu den meistbesuchten Zielen Antwerpens gehört die Liebfrauenkathedrale, das größte Gotteshaus Belgiens und der Niederlande – ein gotisches Meisterwerk, mit dessen Bau 1352 begonnen wurde.

Fast zwei Jahrhunderte zogen sich die Bauarbeiten hin, an denen verschiedene Architekten beteiligt waren. Blickfang ist der 123 m hohe **nördliche Fassadenturm**, ein Himmelspfeiler, der bis heute mehr durch seine Höhe als durch architektonische Raffinesse beeindruckt. Heute gehört er zum Weltkulturerbe der UNESCO. „Der Turm“, hieß es schon 1914 in einem Reiseführer, „zeichnet sich mehr durch Kühnheit und Eleganz als durch reinen Stil und wirkliche Schönheit aus.“ Inzwischen wurde die Kathedrale immer wieder renoviert oder umgebaut, sodass heute ein Großteil ihrer Architektur aus dem 19. Jahrhundert stammt – auch das

◄ *Groenplaats mit Rubensdenkmal*

prächtige Tympanon (Giebelfeld) mit der Darstellung des Jüngsten Gerichts am Haupteingang.

Ihre wahre Größe zeigt die Liebfrauenkathedrale erst in ihrem Inneren. Die **Maße beeindrucken:** 117 m lang, 55 m breit und 40 m hoch. Mehr als hundert Pfeiler tragen die mächtigen Gewölbe über den sieben Kirchenschiffen, die eigentlich noch größer ausfallen sollten, wäre den Bauherren nicht das Geld ausgegangen. Künstlerisch beachtenswert sind die Beichtstühle, eine Kanzel, mittelalterliche Glasfenster, die unter anderem Philipp den Schönen und Johanna die Wahnsinnige mit ihren Schutzheiligen zeigen, und eine **maasländische Alabaster-Madonna** aus dem 14. Jh., die in Antwerpen große Verehrung genießt. Jährlich am 15. August, dem Fest Mariä Himmelfahrt, steht die Figur der Muttergottes im Mittelpunkt der Verehrung.

Die meisten Besucher aber kommen wegen der **berühmten Bilder von Peter Paul Rubens.** Zwei seiner Hauptwerke finden sich hier: „Die Kreuzaufrichtung“ und „Die Kreuzabnahme“. Beide Gemälde entstanden nach der Rückkehr des Malers aus Italien und hängen heute im südlichen bzw. nördlichen Querhaus. Kunsthistorisch weniger gewichtig sind zwei weitere Rubens-Gemälde: „Mariä Himmelfahrt“, das große Altarbild der Kathedrale, und „Die Auferstehung Christi“ in einer der rechten Chorkapellen. Angesichts der Rubens-Bilder aber sollte man nicht den Blick für das **gewaltige Kuppelfresko „Mariä Himmelfahrt“** verlieren, einem der Meisterwerke des Malers Cornelis Schut. Für die nächsten Jahre haben in der Kathedrale auch zahlreiche Gemälde aus dem sich zurzeit in Renovierung befindenden Königlichen Museum der schönen Künste Platz gefunden, was den relativ hohen Eintrittspreis erklärt.

› Groenplaats 21, Antwerpen, Tel. 03 2139951, www.dekathedraal.be, Mo.–Fr. 10–17 Uhr, Sa. 10–15 Uhr, So. 13–16 Uhr, Führungen Mo.–Sa. 11 und 14.15 Uhr (im Sommer auch auf Deutsch), Eintritt 5 €

8 Handschoenmarkt ★ [I E6]

Am besten präsentiert sich die Kathedrale vom Handschoenmarkt aus, der seinen Namen den Händlern verdankt, die hier einst Handschuhe verkauften. Heute treffen sich in den **Cafés und Kneipen am Platz**, die ihre Stühle im Sommer nach draußen stellen, Menschen aus aller Welt.

Beachtung sollte man dem **Brunnen** auf dem Platz schenken, den die Einheimischen **„Put“** nennen. Seine Abdeckung, eine besonders fein ausgearbeitete Schmiedearbeit, die eine Figur Brabos krönt (s. S. 59), fertigte kein geringerer als Quentin Massys, einer der populären flämischen Maler. Massys' Grabplatte findet sich gleich neben dem Haupteingang am Turmpfeiler der Kathedrale. Wie die Legende wissen will, hat der gelernte Schmied Massys schließlich sein Handwerk auf Betreiben des Schwiegervaters zugunsten der Malerei aufgegeben.

9 Grote Markt ★★★ [I E6]

Der Grote (Große) Markt ist das Herz Antwerpens und einer der schönsten Plätze Belgiens, gesäumt von prachtvollen Zunfthäusern mit Renaissance- oder Barockfassaden.

Ihren Anblick sollte man sich auch dann nicht verderben lassen, wenn man weiß, dass die meisten Häuser gar nicht so alt sind, wie sie aussehen. Viele nämlich wurden erst um

0271 Abb.: gs

1900 als Gaststätten erbaut und architektonischen Vorbildern aus dem 16. und 17. Jh. nachempfunden.

Unbestrittenes Prunkstück des dreieckigen Platzes, der erst im 16. Jh. zum „Großen Markt" befördert wurde, ist das **spätgotische Rathaus.** (Dieses Meisterwerk soll zum Teil auch dem alten Kölner Rathaus Pate gestanden haben.) Seine Fassade gehört zum Schönsten, was Antwerpen zu bieten hat, eine Front, die im Sonnenlicht ebenso glänzt wie im nächtlichen Lampenschein. Hoch oben finden sich in zwei Giebeln als allegorische Figuren Gerechtigkeit und Weisheit, darüber thront Maria, die Stadtpatronin. Ganz oben sitzt ein Adler mit Blick in Richtung Aachen, dem ersten Sitz des Heiligen Römischen Reiches, zu dem auch die Markgrafschaft Antwerpen einst gehörte. Seit 1887 ist der **Brabo-Brunnen** ein weiterer Blickfang auf dem Grote Markt (siehe Exkurs „Silvius Brabo, der Handabschläger").

▲ Rathaus und Brabo-Brunnen am Grote Markt 9

10 Schelde-Ufer: Steen und Sankt-Anna-Tunnel ★ [I D6]

Nur ein paar Schritte sind es vom Grote Markt zur Schelde, an der eine viel befahrene Uferstraße entlang führt. (Hier finden sich auch Parkmöglichkeiten, z. B. in Höhe des Orteliuskaais [I E5].) Wer nur wenig Zeit hat, braucht am Schelde-Ufer nicht unbedingt lange Station machen, es gibt schönere Uferpromenaden in Europa. Wer jedoch ein Faible für alte Burgen hat, für den ist der Steenplein eine wichtige Adresse. Es ist das **älteste Siedlungsgebiet der Stadt,** an das die **Steen, die alte Burg,** bis heute erinnert. Ihre ältesten Teile stammen aus dem 13. Jh. Im Lauf der Zeit verfiel die Burg mit dem mächtigen Eingangstor samt Fallgitter, erst Ende des 19. Jh. begann man, den Komplex zu rekonstruieren. Lange Zeit diente das Gemäuer als Hauptquartier der Inquisition, als Gefängnis und Folterkammer.

Nicht zu übersehen ist am Fuß der breiten Burgrampe der **„Lange Wapper"**, die Figur eines Riesen, der, so heißt es im Volksmund, einst die Zecher auf ihrem Heimweg begleitet habe – ein Geist, der alle Säufer plagte.

Vor der Burg fließt die **Schelde** entlang, die gut 80 km weiter in die Nordsee mündet und an dieser Stelle 500 m breit ist. Eine Stelle, an der einst das Leben pulsierte: Auswanderer und Abenteurer starteten früher von hier ihre Reisen nach Amerika, zwischen 1880 und 1935 verließen rund drei Millionen Menschen vom Steenplein aus Europa. Von diesen Auswanderern sollen heute schätzungsweise 30 Millionen Amerikaner abstammen. Und auch in Belgiens Kronkolonie Kongo brach man gewöhnlich von hier aus auf, wo heute die Ausflugsboote für eine Rundfahrt auf der Schelde ankern. Auch die großen Kreuzfahrtschiffe machen hier inzwischen wieder Station.

Wer will, kann nicht weit von hier auf die andere Seite des Flusses wechseln, um von dort das Panorama der Stadt zu genießen. Möglich macht das der in den frühen 1930er-Jahren gebaute, 572 m lange **Sankt-Anna-Tunnel**, der samt seiner hölzernen Rolltreppe unter Denkmalschutz steht. Da Brücken an diesem Flussabschnitt fehlen, ist der Tunnel die einzige Gelegenheit, von der City aus rasch den Fluss zu queren.

› **Schelderundfahrt Flandria Boat,** Steenplein 1, Antwerpen, Tel. 03 2313100, www.flandriaboat.com, Mai–Juni Fr.–So., Juli–August tgl., Sept. Sa.–So. um 11.30, 13, 14.30 und 16 Uhr, 7 €

11 Modeviertel Nationalestraat mit ModeNatie ★★ [I E7]

Die Nationalestraat ist eine der geschäftigsten Straßen Antwerpens, die wichtigste Achse aus der Innenstadt ins Museumsviertel im Süden. Hier sind nicht wie auf der Meir die großen Ladenketten mit ihren für ganz Europa genormten Angeboten zu Hause, hier finden sich **kleine Boutiquen und Läden,** die das Individuum bedienen. Die meisten sind ohne Zweifel teure Läden, in denen sich der Kunde noch immer ein bisschen als König fühlen darf. Ein bisschen preiswerter wird es in den Seitenstraßen, wo kleine Cafés zum Zwischenstopp einladen. Wer ausgefallene Kreationen

SILVIUS BRABO, DER HANDABSCHLÄGER

Mitten auf dem Grote Markt steht eine riesige Brunnenfigur, in der Lokalpatrioten den ***Stadtgründer*** *sehen wollen – den römischen Soldaten Silvius Brabo. Der Legende nach besiegte dieser im ersten Jahrhundert unserer Zeitrechnung den Riesen Druoon Antigoon, der damals die Region am Unterlauf der Schelde beherrschte und von jedem vorbeifahrenden Schiff ein Lösegeld verlangt haben soll. Versagte man dies dem Riesen-Piraten, soll er den Nichtzahlern die Hand abgeschlagen haben. Brabo jedenfalls machte dem Unwesen ein Ende, indem er dem Bösewicht die Hand abhackte und sie in die Schelde warf. Wie auch immer:* ***Mit dem Wurf der abgeschlagenen Hand*** *jedenfalls, so der Volksglaube, war der Name „(H)Ant-Werpen“ geboren.*

Wissenschaftlich glaubwürdiger freilich ist die Version, dass der Name der Hafenstadt von „aanwerp“ abgeleitet ist, einer aufgeschütteten Landzunge, die auf Höhe der Burg Steen in die Schelde ragte. Der römische Soldat mit der abgeschlagenen Hand in den Fingern findet sich heute übrigens nicht nur als Brunnendenkmal auf dem Grote Markt, sondern auch auf dem benachbarten Handschoenmarkt 8*, wo Brabo einen schmiedeeisernen Brunnen aus dem 16. Jh. krönt.*

MODEMETROPOLE ANTWERPEN

Wer von Mode spricht, nennt Antwerpen heute längst **in einem Zug mit New York, Mailand, London und Paris.** Auf alle Fälle ist die Stadt an der Schelde heute Belgiens Nummer eins in Sachen Mode. Und das weiß man inzwischen in aller Welt. Amerikas First Lady, Michelle Obama, trägt ebenso Kleider aus Flandern wie Superstar Madonna. Da wundert es nicht, dass sich im sogenannten Modeviertel rund um die Nationalestraat viele kleine, schicke Designerläden gruppieren.

Bis Ende der 1960er-Jahre war Mode in Antwerpen eine Spezialität von Familienbetrieben wie Tienrien, wo Dutzende von Näherinnen mit in Paris gekauften Schnittmusterbögen als Vorlage Kleider und Anzüge nachschneiderten. Mit dem Verschwinden der Privatateliers und der Schließung der Modeabteilungen in den großen Warenhäusern aber wurde Mode zum Privatvergnügen.

Das änderte sich Ende der 1980er-Jahre, als sechs Absolventen der Antwerpener Modeakademie, Walter van Beirendonck, Ann Demeulemeester, Marina Yee, Dries van Noten, Dirk van Saene und Dirk Bikkembergs, auf der Modemesse in London auf sich aufmerksam machten. Weil die Engländer ihre Namen nicht aussprechen konnten, wurden sie als die **„Sechs von Antwerpen“ („Antwerp Six“)** bekannt. Alle sechs waren Studenten der 1964 von Mary Prijot gegründeten Modeabteilung der Königlichen Akademie für Schöne Künste.

1996 wurde das **Flanders Fashion Institute** (FFI) gegründet, das junge Modeschöpfer beim Aufbau ihrer Karriere unterstützen und auf internationaler Ebene für die neue belgische Mode werben sollte. Das FFI gehörte schließlich auch zu den Vätern des 2002 gegründeten Zentrums **ModeNatie** ⓫, einem 9000 m² großen Fashion-Palast an der Ecke Drukkerijstraat/Nationalestraat. Der architektonische Prachtbau beherbergt heute auch die Modeakademie der Königlichen Akademie der Schönen Künste, deren Studenten weltweit Anerkennung genießen. So entwarfen Antwerpener Designer unter anderem die Trikots für die Fußballer von Inter Mailand oder statteten Popgrößen wie U2 oder die isländische Sängerin Björk mit passenden Bühnenklamotten aus. Und für Antwerpens Stadtbedienstete entwarf Modeguru van Beirendonck die Berufskleidung: eine gelbe Uniform für die Müllabfuhr, eine grüne für die Stadtgärtner.

Herzstück der ModeNatie aber ist das neue **MoMu, das Museum für Mode, Kleidung und Textiles,** das seine Schätze in jährlich wechselnden Ausstellungen präsentiert: Kleidung aus den letzten 500 Jahren, vor allem aber immer auch aktuelles Design. Ebenfalls zum Museum gehören ein Wissenschaftszentrum und eine öffentlich zugängliche Bibliothek mit über 15.000 Büchern und einem großen Lesesaal. Mit Modeliteratur aus aller Welt ist der Buchladen im Haus sehr gut bestückt. Und für alle, die vorübergehend Platz zum Abstellen ihrer Taschen oder Einkaufstüten suchen, gibt es im Keller ein kostenloses Schließfach. Für alle, die Mode nicht nur anschauen wollen, gibt es im Erdgeschoss neben einem Café auch einen großen Modeladen, der mehr als zwei Dutzend exklusive Labels wie Helmut Lang oder Victoria Beckham vertritt.

ür alle Modebesessene gibt es übrigens einen eigenen Führer. Der „Antwerp Fashion Walk" ist bei der Touristeninformation oder im Buchladen des Modemuseums zu haben. Wer sich im Modedschungel nicht zurechtfindet, dem helfen professionelle Führer gern beim Shoppen: Männer und Frauen, die sich ihre Führungen aber gut bezahlen lassen. Die passenden Kontakte vermittelt das Tourismusamt (s. S. 97).

› ***Modemuseum MoMu*** *(s. S. 38), Nationalestraat, Antwerpen, Tel. 03 4702774, www.momu.be, Di.–So. 10–18 Uhr (erster Donnerstag im Monat bis 21 Uhr), Eintritt: 6 €*

Ausgesuchte Designeradressen:

143 *[I D9]* ***Ann Demeulemeester,*** *Leopold de Waelplaats, Antwerpen, www.anndemeulemeester.be, Mo.–Sa. 10–18.30 Uhr. Flagshipstore der Stardesignerin Ann Demeulemeester mit exklusiver Herren- und Damenmode.*

144 *[I E7]* ***Het Modepaleis,*** *Nationalestraat 16, Antwerpen, www.driesvannoten.be, Mo.–Sa. 10–18.30 Uhr. Über drei Stockwerke bietet Dries van Noten in seinem auch architektonisch sehenswerten Modepalast Kleidung für Damen und Herren, dazu Schuhe und andere Modeaccessoires in scheinbar zeitlosen Mustern und Farben.*

145 *[I E7]* ***Walter (van Beirendonck),*** *Sint-Antoniusstraat 12, Antwerpen, Mo. 13–18, Di.–Sa. 11–18.30 Uhr, www.waltervanbeirendonck.com. Gleich ein halbes Dutzend Modedesigner vermarkten in diesem Shop ihre meist hochpreisigen Kreationen.*

zu moderaten Preisen sucht, ist in der von der Nationalestraat abgehenden Kammenstraat [I E7] bestens aufgehoben. Kern des Viertels ist die **ModeNatie** (an der Kreuzung Nationalestraat/Drukkerijstraat), unter deren Dach sich die Modeabteilung der Kunstakademie, eine Bibliothek und das **Modemuseum** (s. S. 61) befinden.

Wer Zeit hat, sollte den nahegelegenen **Vrijdagmarkt** [I E7] besuchen, auf dem jeden Freitagmorgen – unter den wachsamen Augen der heiligen Katharina – Kitsch, Kunst und Nippes angeboten werden. Die heilige Katharina nämlich, deren Denkmal hier steht, ist in Antwerpen auch Schutzpatronin der Trödler.

Gleich um die Ecke liegt das berühmte Museum Plantin-Moretus ⑫ mit seiner alten Druckerwerkstatt, noch ein paar Schritte weiter die **spätgotische St. Andreaskirche,** zu deren Gemeindemitgliedern lange Zeit auch Peter Paul Rubens gehörte. Früher war die Gegend ein reines Arbeiterviertel, heute reihen sich Mode- und Antiquitätengeschäfte aneinander.

› **ModeNatie,** Nationalestraat 28, Antwerpen, www.modenatie.com

146 [I D7] **St. Andreaskirche (St. Andrieskerk),** Sint-Andriesstraat 5, Tel. 03 2320384, www.sint-andrieskerk.be, April–Oktober tgl. 14–17 Uhr. Sept.–März Mo., Mi., Fr. 9–12 Uhr, Eintritt frei

⑫ Museum Plantin-Moretus ★★ [I D7]

Das Renaissanceensemble in der Altstadt war eine der wichtigsten Druckwerkstätten Europas. Künstlerisch aufwendige Bibeln wurden hier ebenso gefertigt wie humanistische Werke von Weltrang.

Peter Paul Rubens, eng befreundet mit dem Drucker Balthasar Moretus, dem Schwiegersohn des

EXTRATIPP

Feiner Fisch und nicht teuer

Mitten im Trendviertel Het Zuid findet sich das kleine Lokal **Fiskebar** (s. S. 29), das längst kein Geheimtipp mehr ist. Vor den Augen der Gäste werden dort die Fische zubereitet, die man vorher an der Theke ausgesucht hat. Ein Frischekonzept, das aufgegangen ist. Zu Seehecht, Heilbutt und anderen Meeresbewohnern serviert die Küchencrew leckere Salate, Reis, Kartoffeln oder Gemüse. Große Schiefertafeln offerieren regelmäßig saisonale Köstlichkeiten. Das Verhältnis zwischen Preis und Leistung stimmt, weshalb es angeraten ist, vor allem zu Spitzenzeiten einen Platz in dem sonst einfach ausgestatteten Lokal zu reservieren. Das Erfolgsrezept in Sachen Fisch will man übrigens auch mit Tapas wiederholen, die in einem neuen Restaurant gleich nebenan serviert werden.

französischen Druckers Christophe Plantin, lieferte so manches Titelblatt. 1876 wurde das Haus an die Stadt Antwerpen verkauft, die es schließlich samt Werkstatt in ein Museum umwandelte. Heute verfügt das Haus über eine **einmalige Sammlung typografischen Materials,** darunter zwei unter dem Schutz des Weltkulturerbes stehende Druckerpressen und eine Gutenbergbibel.

› Vrijdagmarkt 22–23, Antwerpen, www.museumplantinmoretus.be, Tel. 03 2211450, Di.–So. 10–17 Uhr, Eintritt: 6 €

13 Museumsviertel Het Zuid ★★ [I D9]

Gut zwanzig Fußminuten vom Zentrum um die Liebfrauenkathedrale 7 entfernt, im Süden der Innenstadt, findet sich eines der **Trendviertel der Stadt:** Het Zuid, ein Quartier mit breiten Straßen wie der Leopold De Waelstraat, an deren Ende der neue Justizpalast liegt – ein Meisterwerk des britischen Stararchitekten Richard Rogers, der auch das Centre Pompidou in Paris und Londons Millennium Dome mitkonzipierte.

Am Vlaamsekaai trifft man auf die **alten Hafenbecken,** die in den 1960er- und 1970er-Jahren zugeschüttet wurden. Damals verfielen auch die angrenzenden Arbeiterwohnungen. Schon bald danach aber begann der Wiederaufstieg des Stadtteils, entstanden schicke Designerläden und Galerien, vor allem auch Gastronomie, welche die Gegend um das Museum für Schöne Künste 14 zum neuen Szeneviertel machten.

Zentrum des Quartiers ist das Königliche Museum für Schöne Künste Antwerpen 14. Wer sich für moderne Kunst interessiert, ist im **MuHKA** (Museum voor Hedendaagse Kunst – Museum für Zeitgenössische Kunst) am richtigen Platz, das heute als wichtiger Hort zeitgenössischer Kunst gilt (s. S. 39). Das Museumscafé, das ein Wandgemälde des Künstlers Keith Haring ziert, lädt City-Bummler zur Kaffeepause.

14 Königliches Museum der Schönen Künste ★★★ [I D9]

Das Königliche Museum Antwerpen ist eine der wichtigsten europäischen Kunstsammlungen und Aushängeschild flämischer Malerei vom 14. bis ins 20. Jh.

Wegen einer gründlichen Renovierung ist die Sammlung bis 2017 geschlossen und die wichtigsten Bilder in der ganzen Stadt verteilt. So sind Rubens-Werke an ihren ursprünglichen Platz in der Liebfrauenkathedrale 7 zurückgekehrt, Werke alter Meister wie Bruegel oder Memling hängen im Museum aan de

Stroom (s. S. 38) und die Kunst des 19. und 20. Jahrhunderts wurde in den Ausstellungsraum Koningin FabiolaZaal (s. S. 37) ausgelagert.

⑮ Museum aan de Stroom (MAS) und Szeneviertel 't Eilandje ★★★ [I F5]

Der mehr als 50 Millionen teure Museumsbau MAS im neuen Szenviertel 't Eilandje birgt fast eine halbe Million Objekte, die vor allem aus drei inzwischen geschlossenen Museen stammen. Das Ethnografische Museum, das Nationale Schifffahrtsmuseum und das Volkskundemuseum lieferten den Grundstock für die neue Sammlung. Und bis 2017 werden hier auch die alten Meister aus dem wegen Renovierung geschlossenen Museum der Schönen Künste Unterschlupf finden.

Statt einer ewigen Dauerausstellung wollen die Museumsmacher ihre schönsten Stücke zu immer wieder **wechselnden thematischen Kompositionen** wie „Leben und Tod"oder „Menschen und Macht" zusammenführen. Und natürlich finden Stadt und Hafen breiten Raum in der Ausstellung. Viel Wert haben die Organisatoren auch auf das eigene Erleben gelegt. So hat der Besucher im „Spuren-Raum" Gelegenheit, sich auf persönlicher Ebene mit dem Gezeigten auseinanderzusetzen. Eine Rolltreppe verbindet die neun Stockwerke des eindrucksvollen Prachtbaus mitten im alten Hafenviertel, dessen erste Kais schon unter Napoleon angelegt wurden. Unten hat ein ein modernes Café Einzug gehalten, im Obergeschoss ein Edelrestaurant mit Rundblick über die ganze Stadt.

Mit dem neuen Museum hat das Szeneviertel um **Bonaparte- und Willemdock** einen neuen Fixpunkt erhalten. Ringsum haben längst Modemacher, Designer, Dienstleister und andere Kreative in den alten Warenhäusern eine neue Heimat gefunden, wohnen heute Menschen, wo früher Tabak, Getreide, Kaffee oder Wein umgeschlagen wurden. Und auch ein weiteres Museum im Szeneviertel ist geplant. Spätestens 2013 soll in den alten Lagerhäusern am Rijnkaai das **Red Star Line Museum** seine Pforten öffnen, das die Geschichte der mehr als drei Millionen Menschen dokumentiert, die von Antwerpen aus nach Amerika auswanderten.

› Museum aan de Strom (MAS), Hanzestedenplaats 1, Antwerpen, Tel. 03 3384434, www.mas.be, Di.–So. 10–17 Uhr, 5 € Dauerausstellung, 8 € Wechselausstellung, Kombiticket 10 €,

028fl Abb.: gs

▲ *Blickfang: das neue Museum aan de Stroom (MAS)* ⑮

RUNDFAHRT DURCH ANTWERPENS HAFEN

Von April bis Oktober starten an der Londonbrücke die großen Hafenrundfahrten, die ***Touren durch den viertgrößten Hafen der Welt,*** *der Nummer zwei in Europa. 150 oder 90 Minuten geht es an alten Schleusen und Werften entlang, vorbei an 85 Kilometer Kaianlagen. Würde man sie zu Fuß abschreiten, wäre man Tage unterwegs. Rund 200 Millionen Tonnen Fracht werden hier jährlich umgeschlagen, Waren für ganz Mitteleuropa, Tendenz steigend.*

Mehrsprachig und manchmal auch in Deutsch stellt ein Führer den Hafen während der Rundfahrt vor, erzählt von seiner langen Geschichte, vor allem aber vom Alltag heute. Viel ist von Zahlen die Rede, von Tonnen, Litern oder Stück, kaum jedoch von Menschen, denen Maschinen längst einen Großteil der Arbeit abgenommen haben. Tausende aber sind im Hafen noch immer in Lohn und Brot. Vom Schiff aus kann man ihnen bei der Arbeit auf den Werften oder vor den Lagerhallen zusehen, dort, wo die Waren umgeschlagen werden: Bananen aus Afrika, Ananas aus Südamerika, Granit aus Brasilien, Kohle aus Russland, Kaolin aus China und vor allem Stahl. Die Liste könnte man seitenlang fortsetzen.

Riesige und tonnenschwere Kräne, *der größte kann bis zu 800 Tonnen wuchten, sind ihre wichtigsten Helfer, mit Armen, die täglich viele Tausend Container packen. Zwanzig Meter lange Kisten, vollgestopft mit Elektronik, Möbeln, Kleidung, kurz mit allem, was der Mensch so braucht. Riesige Sauger schichten in Sekunden Tonnen von Getreide um. Und noch schneller schaffen mächtige Pumpen Rohöl aus den Bäuchen der Tanker an Land. Dahinter stehen die Anlagen der Petrochemie, auch sie größer als alle anderen in Europa. Die alten Schleusen und Brücken aus dem letzten und vorletzten Jahrhundert, die man zum Touranfang quert, wirken dagegen wie aus der Steinzeit. Das größte Interesse auf der Tour aber finden die* ***gigantischen Überseeriesen.*** *Neben diesen Riesenpötten wirkt das Boot der Hafenrundfahrer fast wie eine Nussschale.*

Einen schönen Eindruck vom Leben im Hafen vermittelt seit neuestem ein kleiner Pavillon zu Füßen des Museums aan de Stroom (MAS). Per Videosignal übermittelte Live-Bilder aus dem Hafen gibt es dort ebenso zu sehen wie einen 15-minütigen Film auf einer 360-Grad-Rundumleinwand. Das kleine ***Hafenmuseum*** *ist Di. bis So. von 9.30 bis 17.30 Uhr geöffnet und kostet keinen Eintritt.*

●147 *[I F4]* ***Hafenrundfahrten mit Flandriaboat,*** *Abfahrt Hafenkaai 14, Londonbrücke, kleine Hafenrundfahrt: Mai-Nov. Fr.-So. 10.30 Uhr, Juli und August täglich, 10 €, große Hafenrundfahrt: Mai-Okt. täglich, Okt.-Nov. Fr.-So. 14.30 Uhr, 14 €, Kinder und Senioren 12 €, www.flandria.nu*

› *Jeden ersten und dritten Samstag im Monat (März-Nov.) lockt ein* ***dreistündiger Candelight Cruise,*** *eine Dinnerkreuzfahrt. Die Tour startet an der Londonbrücke, der Preis beträgt 69 € (inkl. Abendessen und Getränke). Informationen: Flandria, Steenplein 1, Antwerpen, Tel. 03 2313100, www.flandria.nu.*

BRÜGGE ENTDECKEN

Fast 500 Jahre lag das Städtchen im Schönheitsschlaf, ehe es engagierte Bürger weckten. Heute steht Brügges Altstadt komplett unter dem Schutz des Weltkulturerbes, ist Brügge neben Brüssel Belgiens erste Touristikadresse. Gut drei Millionen Besucher streifen jährlich durch die Gässchen, gleiten auf Booten durch Grachten oder kurven mit Kutschen durch die einstige Wikingersiedlung. Brügges Kirchen und Museen genießen Weltruhm, die Feste und Veranstaltungen im In- und Ausland Ansehen. „Venedig des Nordens" nennt sich das Städtchen gern, von dessen fast 120.000 Einwohnern allerdings nur jeder zwanzigste in der denkmalgeschützten Altstadt lebt.

GESCHICHTE

„Bryggja", also Landungsplatz, tauften die Wikinger im **9. Jahrhundert** den Siedlungsflecken an der Rei-Mündung. Anno 864 errichtete Markgraf Balduin I. hier eine Burg, die Brügges Ruf als Handelsstadt begründete.

Schon **im Mittelalter** zählte die Stadt **neben Venedig zu den Zentren der damaligen Weltwirtschaft.** Bank- und Handelshäuser aus mehr als einem Dutzend Länder hatten hier ihre Niederlassungen. Stapelrechte brachten Geld in die Kassen, der Handel mit Wein und Gewürzen, Stoffen und Pelzen Wohlstand. Besonders zugute kam Brügge der Umstand, dass fremde Händler für Kauf und Verkauf ihrer Waren immer einen Brügger Vermittler in Anspruch nehmen mussten, was zusätzliches Geld brachte. Eines der wichtigsten Handelshäuser war das Wirtshaus der Familie van der Beurze, das damit Namenspate wurde für all jene Börsen, die heute die Weltwirtschaft maßgeblich bestimmen.

Schließlich aber **spalteten die Auseinandersetzungen zwischen England und Frankreich die Bewohner der Stadt**. Die minderprivilegierten Handwerker hielten es mit ihrem flandrischen Grafen und England, der Adel stand auf Seiten Philipps von Frankreich, dessen Truppen anno 1297 die Stadt besetzten. Weil die neuen Statthalter aber Brügges Bürger ständig unterdrückten, brachten die letzteren im Mai 1302 alle französischen Besatzer um – ein schreckliches Gemetzel, das als „Brügger Frühmette" Geschichte machte.

Für ein besseres Image sorgten **Burgunds Herzöge**, die sich von der politisch instabilen Lage nicht abschrecken ließen und Brügge zum Zentrum des gesellschaftlichen Lebens machten. So feierte man 1430 mit großem Pomp und Prunk die Hochzeit Philipps des Guten mit Isabella von Portugal, 1486 mit nicht weniger großem Aufwand die Vermählung Karls des Kühnen mit Margareta von York, ein Mammutfest, das Brügge heute alle fünf Jahre beim Umzug des Goldenen Baumes (s. S. 11) neu aufleben lässt.

Mit der **Versandung des Zwin** zum Ende des 15. Jh., des Meeresarmes, der Brügge bis dahin Anschluss an die Weltmeere garantierte, waren immer mehr Kaufleute gezwungen, ihre Kontore nach Antwerpen zu verlegen. Auch die burgundische Staatsführung drängte aus wirtschaftlichen Gründen auf den Umzug. Hinzu kamen die **religiösen Wirren des 16. Jahrhunderts,** die der wirtschaftlichen Entwicklung schadeten und Brügge immer neue Besatzer brachten.

Für Jahrhunderte **versank die Stadt in einen Dornröschenschlaf.** Selbst

EXTRATIPP

Brügge preiswert

Mit der **Brugge City Card** erhält man freien Eintritt zu den wichtigsten Sehenswürdigkeiten, eine kostenlose Grachtenfahrt, freie Fahrt mit Bus und Bahn sowie Rabatte auf Kulturveranstaltungen und Fahrradmieten. Die Karte kostet 34 € (für 48 Stunden) bzw. 39 € (für 72 Stunden) und ist in den Info-Büros der Stadt erhältlich. Vorbestellungen sind online möglich! Bis 26 Jahre gibt es auch eine preiswertere Variante der City Card.

› www.bruggecitycard.be

als Belgien selbstständiges Königreich wurde, lebte fast die Hälfte der Bevölkerung Brügges von Almosen und Zuwendungen der Wohlfahrt. „Ein reizendes, kleines katholisches Amsterdam" nannte der französische Dichter Paul Verlaine damals die Siedlung.

Einen touristischen Aufschwung brachten erst aufwendige Renovierungen. Glücklicherweise überstand die Stadt beide Weltkriege weitgehend unversehrt. Das lag auch an einem deutschen Offizier, der sich weigerte, die Stadt zu beschießen, was den Deutschen in Brügge noch heute Sympathien verschafft. Im letzten Jahrhundert wurde fast alles Barocke aus dem äußeren Stadtbild entfernt und durch Neogotik ersetzt, Millionen von der Meeresluft geschwärzte Ziegel erneuert – ein **Sanierungsprogramm ohne Beispiel**, das die UNESCO anno 2000 schließlich mit der **Ernennung des mittelalterlichen Stadtkerns zum Weltkulturerbe** belohnte.

Mit dem Bau des sogenannten **Boudewijn-Kanals** übrigens hat Brügge seit Anfang des 20. Jh. wieder einen direkten Zugang zur Nordsee.

ERLEBENSWERTES IM ZENTRUM

Für viele Touristen ist der Marsch durch Brügge nur ein längerer Stadtspaziergang. Von Bahnhof oder Busbahnhof aus ziehen die Massen gewöhnlich auf festen Pfaden durch die Stadt. Wer Brügge aber richtig kennenlernen will, wer seine mittelalterliche Atmosphäre spüren will, muss auch einmal nachts durch die Straßen der Stadt ziehen. Dann kommt auch der morbide Charme der Stadt zum Tragen, der am Anfang ihres touristischen Weges stand.

Verlaufen kann man sich eigentlich nicht, zeigt doch der **Belfried** – Brügges 83 m hohes, unübersehbares Wahrzeichen – immer den Weg.

Zu seinen Füßen liegt der Marktplatz, der neben dem Zand 16 wichtigste städtische Treffpunkt. Von dort starten auch die Bus- und Kutschenfahrten, nur wenig weiter die Boote zur Grachtentour. Immer mehr Besucher steigen zur Brügge-Erkundung auf das **Fahrrad.** Die Drahtesel sind am Bahnhof [II C9] und vielerorts in der Stadt auszuleihen.

16 't Zand ★ [II C8]

Der große Platz 't Zand ist eines der wichtigsten Eingangstore zur Innenstadt. Örtlicher Blickfang ist der **Laternenturm**, der 28 Meter über den Platz in die Höhe ragt und den Kammermusiksaal des **Concertgebouw** (s. S. 36) beherbergt. Das stattliche Konzertgebäude leistete sich Brügge zum Kulturhauptstadtjahr 2002. Im Concertgebouw befindet sich außerdem die Touristeninformation (tgl. 10–18 Uhr, s. S. 97).

Vom 't Zand führt mit der Zuidzandstraat und der anschließenden Steenstraat eine der geschäftigsten **Einkaufsmeilen** direkt zum Markt 17.

029fl Abb.: gs

Eine Alternative ist der Weg über die Noordzand- und St. Amandsstraat [II C/D7].

17 Markt mit Belfried und Tuchhalle ★★★ [II D7]

Der Markt ist Brügges zentraler Treffpunkt. Hier finden Gaukler ihr Publikum, warten Kutscher mit Pferden auf Kunden, starten Touristikbusse zu ihren Rundfahrten. Und auch alle großen Prozessionen und Festzüge führen hier vorbei.

Kein anderer Platz der Stadt ist so belebt, was er vor allem den **vielen kleinen Cafés und Restaurants** an seinen Flanken verdankt. Selbst spätnachts finden sich hier immer noch ein paar Zecher, die erst nach Hause finden, wenn die letzten Kneipen ihre Pforten geschlossen haben.

Mitten auf dem Platz erinnert ein 1887 aufgestelltes **Denkmal** an Jan Breidel und Pieter de Conink, die anno 1302 den Aufstand der Brügger Bürger gegen die Franzosen anführten und deshalb als Volkshelden gelten. Wahrzeichen des Marktes aber ist der **Belfried (Belfort)**, der die alten Tuchhallen krönt, in der jene Textilien gehandelt wurden, welche die Stadt einst reich machten. 366 Stufen führen auf die **Aussichtsplattform**, von der sich einer der schönsten Blicke auf Brügge bietet. Auf dem Weg nach oben kommt man auch am kostbaren Glockenspiel („Carillon") mit seinen 47 Bronzeglocken vorbei, das noch heute regelmäßig ertönt.

Belfriede wie jener in Brügge gehörten im Mittelalter zu den wichtigsten Profanbauten. Diese schlanken und hohen gotischen Glockentürme wurden in der Regel von den Zünften finanziert und dienten als städtisches Aushängeschild, als Wachturm oder zum Ausrufen öffentlicher Angelegenheiten. Die meisten Belfriede stehen heute unter dem Schutz des UNESCO-Weltkulturerbes, auch der in Brügge.

› **Belfried**, Markt 7, www.brugge.be, tgl. 9.30–17 Uhr (Tickets bis 16.15 Uhr), Eintritt: 8 €

▲ *'t Zand: neben dem Markt Brügges wichtigster Treffpunkt*

EXTRATIPP

Speisen mit Stil bei Patrick Devos (s. S. 30)

Gutes Essen in schicker Umgebung muss kein Vermögen kosten, dafür liefern Patrick und Christine Devos den Beweis. Mitten im hektischen Brügge haben sie in einem mittelalterlichen Palast eine Oase der Ruhe im Art-nouveau-Stil eingerichtet: zwei Salons und einen Wintergarten, der im Sommer um eine schöne Terrasse erweitert werden kann. Ausgesuchte Weine aus aller Welt korrespondieren mit den Menüs des Meisters, der sein Handwerk in Belgien, Frankreich und den Niederlanden gelernt hat. Fünfmal jährlich kreiert er ein neues fünfgängiges Menü, das längst sein Stammpublikum gefunden hat. Aber auch Vegetarier müssen hier nicht verzagen, für sie gibt es ein spezielles 3-Gang-Menü. Und sogar für Kinder hat der Meister ein besonderes Herz, denn sie verwöhnt er ebenfalls mit einer eigenen Speisenfolge. Auch Patrick Devos und seine Frau Christine wissen: Früh übt sich ...

18 Heilig-Blut-Basilika ★★ [II D7]

Die Heilig-Blut-Basilika gilt als **Brügges ältester Sakralbau**, davon aber zeugt heute nur noch die auf massigen Säulen ruhende **Unterkirche.** Graf Dietrich von Elsass ließ sie Mitte des 12. Jh. als Doppelkirche bauen und der Gottesmutter und dem heiligen Basilius weihen, dessen Reliquien dort bis heute verehrt werden. Die **obere Kapelle**, zu der eine schöne Wendeltreppe führt, lässt nurnoch wenig von der Romanik spüren. Hier dominieren Renaissance, Rokoko und Neogotik.

Blickfang ist die rechte Seitenkapelle, in der die **Reliquie des Heiligen Blutes** offiziell freitagmittags um 14 Uhr verehrt wird, inoffiziell außer mittwochs auch den Rest der Woche.Jährlich, an Christi Himmelfahrt, wird sie feierlich durch die Stadt getragen (siehe Exkurs „Christi Blut bewegt Flandern"). Die den Originalen des 15. Jh. nachgebildeten Fenster zeigen die Grafen von Flandern, die sich dem Kult um das Heilige Blut besonders verpflichtet fühlten. Ein kleines Museum zeigt religiöse Kunst.

030fl Abb.: gs

› Burg 13, Brügge, Tel. 050 336792, www.holyblood.com, April–Sept. tgl. 9.30–12 und 14–18 Uhr, Okt.–März tgl. 10–12 und 14–16 Uhr (Museum mittwochnachmittags geschl.), Museum 1,50 € (Gruppen ab 15 Personen 1 €)

19 Rathaus (Stadhuis) ★★ [II E7]

Dort, wo sich die ersten Residenzen der Grafen von Flandern befanden, gleich neben der Heilig-Blut-Basilika, findet sich heute das Rathaus, eines der schönsten und ältesten Flanderns.

Von hier wird Brügge seit vielen Hundert Jahren geführt und verwaltet. Als sein Prunkstück gilt der **große gotische Saal** mit kunstvoller Holzdecke und herrlichen Wandmalereien. Das Rathaus entstand zwischen 1376 und 1420 und fasziniert durch seine reich verzierte Vorderfront mit den Statuen aller flandrischen Grafen.

Im linken Flügel, dem Sitz des ehemaligen Gerichts *(Brugse Vrije)*, ist heute das Stadtarchiv zu Hause. Blickfang ist hier der einstige, ebenfalls **gotische Schöffengerichtssaal** mit einem prachtvollen Kamin.

› Burg 11–12, Brügge, tgl. 9.30–17 Uhr (Tickets bis 16.30 Uhr), www.brugge.be, 2 €

20 Rozenhoedkaai ★★★ [II E7]

Ein schöner Renaissancebogen führt den Besucher hinter dem Rathaus über eine kleine Brücke zum **Vismarkt (Fischmarkt)** [II E7]. Dort werden noch immer die Woche über Fische verkauft, doch manchmal sind es nur noch ein oder zwei Anbieter, die hier ihre eisgekühlten Waren auf steinernen Verkaufstischen anbieten.

Vorbei am Haus der Gerberzunft erreicht man den Rozenhoedkaai, den viele wegen seines Stadtpanoramas für die **schönste Stelle Brügges** halten.

0421fl Abb.: gs

Vor allem im Sommer ballen sich dort die Massen, zumal hier auch viele Besucher zu ihren Bootsrundfahrten starten (siehe Extratipp „Brügge mit dem Boot"). Vom Rozenhoedkaai ist es nur ein Katzensprung am baumbestandenen Dijver entlang zum Groeninge Museum 21 und dem benachbarten **Gruuthuse-Museum** (s. S. 39), einem luxuriösen Stadtpalast, der heute eine städtische Sammlung von Skulpturen, Gemälden, Teppichen, Silber- und Textilarbeiten umfasst.

▲ *Brügges Rathaus ist immer eine schöne Festkulisse*

◄ *Marktplatz mit Belfried und Freiheitsdenkmal* 17

CHRISTI BLUT BEWEGT FLANDERN

Gold und Silber glänzen in der Nachmittagssonne, 30 Kilo Edelmetall, verziert mit mehr als 100 Edelsteinen, Preziosen von unschätzbarem Wert. Anno 1617 fügte sie ein flämischer Goldschmied zu ***Brügges prunkvollstem Schrein*** *zusammen, zu einem Meisterstück, das im Lauf der Jahre immer kostbarer wurde. So ließ Maria von Burgund ein goldenes Krönchen auf das Kunstwerk setzen, Schottlands Königin Maria Stuart einen schwarzen Diamanten. Belgiens Fürst Albert I. stiftete einen großen grünen Smaragd, Leopold I. schönste Gemmen.*

Zu Christi Himmelfahrt geht der Schrein in Brügge auf Tour. Er krönt die ***traditionelle Heilig-Blut-Prozession,*** *mit der die Stadt seit dem Mittelalter ihrer* ***wertvollsten Reliquie*** *gedenkt: einem* ***mit ein paar Blutstropfen Christi gefüllten Flakon,*** *mitgebracht von einem Kreuzzug ins Heilige Land. Ein unbezahlbares Souvenir, das seit Jahrhunderten Millionen von Pilgern in die Stadt geführt hat. Am Festtag lebt seine Geschichte ebenso auf wie die Bibel, gewinnen Altes und Neues Testament Gestalt.*

„Die Prozession", heißt es in Brügge, „versucht eine Antwort auf die Frage nach dem Sinn des Lebens zu geben. Jeder verlangt danach, glücklich zu werden. Dieses Glück bezeichnet man, je nach kulturellem Hintergrund, als Nirwana, Himmel oder eben als das Reich Gottes ..." Viele Hundert Bürger führen diesen Gedanken Jahr für Jahr vor Augen, Bruderschaften, Orden, Zünfte und Kapitelschulen, die sich seit Jahrhunderten der Prozession verpflichtet fühlen. In gut zwei Dutzend Tableaus zeigen sie – ihren Rollen entsprechend kostümiert – die Heilsgeschichte vom Sündenfall bis zur Auferstehung.

Der biblischen Botschaft folgt der Ausflug in die Geschichte. So verweist der ***farbenprächtige Aufmarsch von Zünften und Gilden*** *in Pelz, Brokat und Seide auf die Zeiten des Wohlstandes, auf Brügges goldene Ära.*

Blickfang der Prozession sind die Reliquienschreine und die barocke Statue „Unserer lieben Frau vom Rosenkranz", Brügges populärstes Marienbild. Ein kleines Glöckchen im dekorativen Holzrahmen und ein halb herabgelassener Sonnenschirm aus gelber und roter Seide kündigen schließlich die Heilig-Blut-Reliquie an. „Conopeum" und „Tintinnabulum" werden Schirm und Glöckchen liturgisch korrekt genannt, vom Papst verliehene Zeichen, die die Bedeutung der Reliquie unterstreichen.

Die ***„Edle Bruderschaft vom Heiligen Blut"*** *gibt der Reliquie Geleit: 31 Herren in Schwarz, deren Talar ein Pelikan ziert, der seine Jungen mit dem Blut aus seiner geöffneten Brust füttert, eine ikonografische Signatur für Christi Tod. Nur ehrenwerte Leute dürfen dieser Bruderschaft angehören, Männer, die in Brügge zu Hause sein müssen. Zum Schluss kommen die Gäste des Bischofs, Kleriker aus aller Welt, und natürlich Brügges Ratsherren, die daran erinnern, dass die Reliquie einst nicht der Kirche, sondern der ganzen Stadt geschenkt wurde.*

Die Prozession geht auf ein paar Blutstropfen Christi zurück, die Dietrich Graf von Flandern der Überlieferung nach im April 1150 von einem Kreuzzug mitgebracht haben soll – als persönliches Geschenk Balduins III., des Königs von Jerusalem. Vor dem

Volk der heiligen Stadt und flandrischen Kreuzfahrern, so heißt es, habe der Patriarch von Jerusalem die Vase mit dem heiligen Blut Christi genommen, einige Tropfen in eine Phiole aus Kristall gegossen und sie dem Grafen von Flandern feierlich überreicht. In der Basiliuskapelle am Burgplatz fand die Reliquie schließlich Aufnahme, vier Kapläne und ein Priester sollen sich um das Geschenk gekümmert haben. Historiker bezweifeln das und verweisen auf das älteste Heilig-Blut-Dokument aus dem Jahr 1256. Sie gehen davon aus, dass die Reliquie erst um 1230 nach Brügge kam – und auch nicht aus Jerusalem, sondern aus Konstantinopel.

Eine Prozession findet erstmals Ende des 13. Jh. Erwähnung, ab 1303 spricht man von einem „Heilig-Blut-Umgang", einem Umzug um die alten Stadtmauern, den man schließlich mit dem jährlichen Maimarkt verknüpfte. Neben den biblischen Szenen, die an Mysterienspiele erinnern, ergänzte man die Prozession schließlich durch profane Darstellungen. Riesen und andere Figuren fanden ihren Platz im religiösen Reigen. Als die ***reliquienfeindlichen Calvinisten*** *Brügges Regierung übernahmen, brachten die Katholiken ihre Reliquie in Sicherheit. Damals fand für einige Jahre keine Prozession statt.*

Umso prunkvoller zeigte sie sich während der anschließenden Gegenreformation, ***allegorische Prunkwagen*** *gaben ihr ein neues Gesicht. Ende des 18. Jh. zwang die Französische Revolution erneut zu einer Prozessionspause. Im 19. Jh. übernahmen die sieben Stadtpfarreien mit ihren Bruderschaften und Kongregationen die Trägerschaft der Prozession, die 1970 schließlich ihren festen Termin am Himmelfahrtstag fand.*

041fl Abb.: gs

Festprogramm (kann sich gelegentlich ändern!):

- *9 Uhr: Eucharistiefeier in der Basilika*
- *11 Uhr: Pontifikalamt in der Kathedrale*
- *14.30 Uhr: Beginn der Prozession*
- *17 Uhr: Segen mit der Heilig-Blut-Reliquie am Burgplatz*

Die Prozession startet am Burgplatz, wo sie nach fast drei Stunden auch endet. Entlang vieler Straßen werden Tribünen aufgebaut, deren Plätze das Tourismusbüro vermietet. Die Zuschauer sind gebeten, sich beim Nahen des Reliquienschreins von ihren Plätzen zu erheben und einen Moment innezuhalten.

043fl Abb.: gs

21 Groeninge Museum ★★★ [II D8]

Sechs Jahrhunderte flämischer Kunst werden im wieder geöffneten Groeninge Museum präsentiert, insbesondere die weltberühmten Meister altniederländischer Malerei wie Jan van Eyck. Ab Juni 2011 zeigt sich die alte Sammlung nach gründlicher Renovierung in neuem Glanz.

Das Markenzeichen des Museums ist die **Sammlung flämischer „Primitiven"**, wie die Kunstwissenschaft im 19. Jh. die altniederländische Malerei bezeichnete. Zu den gezeigten Meisterwerken gehören Bilder von Hans Memling („Triptychon von Willem Moreel", 1484), Jan van Eyck („Madonna mit dem Kanoniker Joris van der Paele", 1436) oder Hugo van der Goes („Der Tod Mariens", um 1470). Hinzu kommen Barock- und Renaissancegemälde, ausgesuchte Perlen des belgischen Symbolismus und des Expressionismus. Die Kunst der Nachkriegszeit wird meist nur in Wechselausstellungen gezeigt.

› Dijver 12, Brügge, Tel. 050 448778, www.brugge.be,, Di.–So. 9.30–17 Uhr (Tickets bis 16.30 Uhr), Eintritt: 8 € (inkl. Audioguide)

22 Liebfrauenkirche ★★ [II D8]

Mit ihrem **122 m hohen Backsteinturm** ist die Liebfrauenkirche um einiges höher als der Belfried am Markt. 1210 hatte man mit dem Bau begonnen, der im 14. und 15. Jh. großzügig erweitert wurde. Karl der Kühne und seine Tochter Maria von Burgund liegen hier begraben. Daneben finden sich noch eine Reihe berühmter Gemälde im Gotteshaus, die wegen der Lichtverhältnisse nicht immer so zur Geltung kommen, wie sie es verdient hätten – unter anderem zwei Tafelbilder des Kölner Malers Lochner.

Die Massen kommen aber wegen einer kleinen Figur im rechten Seitenschiff, einer Madonna, die eigentlich für den Dom von Siena bestimmt war. Der Brügger Kaufmann Jan van Moscroen aber kaufte das Schmuckstück für 100 Dukaten auf und brachte die marmorweiße, lebensgroße Skulptur nach Flandern. Seitdem hat Brügge einen echten **Michelangelo**, der die **„Madonna mit Kind"** 1503 schuf.

Gegenüber der Liebfrauenkirche findet sich mit dem Sankt Janshospital eines der ältesten Krankenhäuser Europas. Heute ist die ehemalige Kapelle des Hospitals ein dem flämischen Maler Hans Memling gewidmetes Museum, das Memling in Sint-Jan (s. S. 39).

› **Liebfrauenkirche,** Mariastraat, Brügge, www.brugge.be, Mo.–Sa. 9.30–16.30, So. 13.30–16.30 Uhr

› **Museum in der Liebfrauenkirche,** Di.–Fr. 9.30–17 Uhr, Sa. 9.30–16.45 Uhr, So. 13.30–17 Uhr (Tickets bis 16.30 Uhr), Eintritt: 2 €

▲ *In der Liebfrauenkirche*

► *Eingangsportal zum Fürstlichen Begincnhof*

23 Minnewater und Beginenhof ★★ [II D9]

Für die meisten Besucher ist Minnewater nur ein wunderschöner, von Schwänen bevölkerter Wasserpark. Genauer betrachtet ist es aber der Anfang eines Kanalsystems, das sich durch die ganze Stadt zieht – ein Platz, der bei keiner Bootsrundfahrt ausgelassen wird.

Über die Dijverbrücke und durch ein hohes klassizistisches Portal betritt man den „Fürstlichen Beginenhof", **Flanderns meistbesuchtes Stift.** Heute wird es von Benediktinerinnen bewohnt, nachdem 1930 die letzte Begine starb (siehe Exkurs „Beginen"). Gleich neben dem Eingang findet sich ein kleines, als Museum eingerichtetes „Begijnhuisje". Hier kann man sich einen Eindruck davon verschaffen, wie bescheiden die Frauengemeinschaft einst lebte.

Der Beginenhof, ein architektonisches Ensemble kleiner weißer, um einen großen Innenhof gescharter Häuschen, datiert aus dem Jahr 1245. Allerdings stammen die meisten der heute noch vorhandenen Bauten aus dem 17. und 18. Jh., z. B. die kleine Barockkirche, die heute anstelle der abgebrannten Originalkirche aus dem 13. Jh. den Platz schmückt.

Niemand kann sich heute der **Melancholie dieses Ortes** entziehen, der auch im Sommer eine **willkommene Oase der Ruhe** ist. Seine ganze Melancholie aber entfaltet er im Herbst und Winter. Eine Stimmung, die Schriftsteller wie Rainer Maria Rilke oder Charles Baudelaire immer wieder faszinierte. Marcel Proust empfahl den Beginenhof gar als „einzigen Ort auf der ganzen Welt, wo die Atmosphäre vollkommen der notwendigen Trauerstimmung entspricht."

044fl Abb.: gs

› **Beginenhof,** Begijnhof 1, Brügge, tgl. 6.30–18.30 Uhr, Eintritt frei
› **Museum Beginshuisje,** Mo.–Sa. 10–17 und So. 14.30–17 Uhr, Eintritt: 2 €

EXTRATIPP

Parken in Brügge

Brügges Innenstadt ist **für Autofahrer ein Albtraum.** Zahllose Einbahnstraßen und Fußgängerzonen erschweren den Durchgangsverkehr. Wenn man nicht gerade ein Hotel in der Innenstadt gebucht hat, sollte man deshalb mit dem Auto das Zentrum meiden. In der Stadt selbst ist das Parken auf maximal vier Stunden in der blauen Zone und auf eine oder zwei Stunden in der roten bzw. gelben Zone begrenzt.

Die günstigste Parkmöglichkeit bietet sich im **Parkhaus am Bahnhof** (Centrum Station) [II C9], wo rund 1500 Parkplätze zur Verfügung stehen und ein Pendelbus die Parkenden regelmäßig ins Zentrum bringt. 2,50 € beträgt hier die Park-Höchstgebühr, sodass man dort seinen Wagen auch gut über Nacht abstellen kann. Sonst ist Parken meist deutlich teurer! Über alle Öffnungszeiten und Parktarife, auch in Gent oder Antwerpen, informiert:

› www.interparking.com.

BEGINEN

Beginen führen wie Nonnen ein ***eigenständiges Leben in sozialer (Haus-) Gemeinschaft****, die allen Mitgliedern die gleichen Rechte und Pflichten auferlegt. Früher boten sie so vor allem Mädchen Unterschlupf, die sich der Verbindung mit einem ungeliebten Mann entziehen wollten oder keine Mitgift hatten, also zu arm waren, um heiraten zu können. Aber auch Witwen suchten mit Vorliebe den Schutz der Frauengemeinschaften, die in der Regel von einer demokratisch gewählten „Grootjuffrouw" (Großfräulein) geleitet wurden, einer Art Äbtissin.*

Die ersten Gemeinschaften entstanden Ende des 12. Jh. als Lebensgemeinschaften in der Nähe von Klöstern. Anfangs wurden kleine Häuser oder Wohnungen gemietet, erst später entstanden wie in Brügge oder Gent die von Mauern umgebenen Beginenhöfe. Die Frauen sorgten dabei selbst für ihren Unterhalt und es machte keinen Unterschied, ob sie reich oder bettelarm waren. Alle aber prägte eine große Spiritualität, ein ***Leben in Einfachheit und Demut.***

Der Ausdruck „Begine", so erzählt man in Brügge gern, sei ein Spottname und wurde anfangs zur Charakterisierung der angeblich scheinfrommen Frauen benutzt. Da Beginen im Gegensatz zu Ordensschwestern ***kein ewiges Gelübde*** *ablegten, wurden die Frauen von den Männern verdächtigt, gar nicht so fromm zu sein, wie sie vorgaben. Viele Beginen wurden daher als Ketzerinnen verurteilt, die ganze Bewegung auf Druck deutscher Bischöfe von Papst Clemens V. verboten. 1318 widerrief sein Nachfolger das Verbot, zumindest in Flandern durften die Beginenhöfe weiter bestehen. König Philipp von Frankreich machte die Anlage in Brügge gar zum „fürstlichen Beginenhof".*

Mit der französischen Revolution aber kam für die meisten Beginenhöfe das Ende, nur ein paar überlebten. So gab es anno 1900 noch insgesamt 1500 Beginen in Flandern, heute nur noch eine. Ihre einstigen Wirkungsstätten sind längst Zeugnis der Vergangenheit, stehen seit 1998 wie jene in Brügge und Gent ***unter dem Schutz des UNESCO-Weltkulturerbes.***

24 Kathedrale St. Salvator ★ [II D8]

Neoromanisch zeigt sich heute Brügges Bischofskirche St. Salvator, die älteste Pfarrkirche der Stadt. Zu ihren Schätzen zählen **zahlreiche Gemälde und Gobelins** mit Szenen aus dem Leben Christi, eine Barockorgel aus dem frühen 18. Jh., bischöfliche Grabmäler und ein geschnitztes Chorgestühl aus der Mitte des 15. Jh. Die Rückwand des Gestühls zeigt die Wappen der Ritter vom Goldenen Vlies, die sich hier gelegentlich versammelten. Der 1430 gegründete Ritterorden, ursprünglich auf 30 Mitglieder begrenzt, war der Muttergottes gewidmet und hatte den Apostel Andreas zum Schutzpatron.

Gegen Eintritt ist die **Schatzkammer** der Kirche mit einmaligen Goldschmiedearbeiten, Gemälden, Handschriften und Textilien zu besichtigen.

› **St. Salvatorskatedraal,** Steenstraat, Brügge, Mo.–Fr. 9–12 u. 14–17.30 Uhr, Sa. 9–12 u. 14–15.30, So. 9–10 u. 14–17 Uhr

EXTRATIPP

Whiskyhuis

Freunde guten Whiskys sollten im Wiskyhuis Station machen, das etwas versteckt in einer Brügger Seitenstraße liegt. Im Keller eines Hauses aus dem 17. Jh. lagern Spezialitäten aus Irland, Schottland, Frankreich, Indien und Japan, die alle auch offen ausgeschenkt werden. Insgesamt sind 350 Sorten im Angebot – und wer nach einem Souvenir sucht, wird hier bestimmt fündig.

› **Whiskyhuis** (s. S. 17), Cordoeaniersstraat 4, Tel. 050 332220, www.brugswhiskyhuis.be, 10–18.30 Uhr (Di. u. So. geschlossen)

› **Schatzkammer:** So.–Fr. 14–17 Uhr, Eintritt: 2,50 € (Mitte Januar bis Mitte Februar geschlossen)

▲ *Fachkundige Beratung im Whiskyhuis*

25 Jan van Eyckplein ★★ [II D6]

Etwas abseits der touristischen Hauptrouten liegt der Jan van Eyckplein, einer der liebenswertesten Winkel der Stadt.

Er grenzt an den Spiegelrei, den **innerstädtischen Hafenbereich**, weshalb diese Ecke viele Brügge-Besucher nur vom Boot aus kennenlernen. Dabei lohnt sich auch ein kleiner Spaziergang vom Markt 17 hierher, mitten durch das mittelalterliche Handelszentrum der Stadt und vorbei an der Grauwwerkersstraat [II D6], an deren Ostende das **Huis ter Beurze** steht. Dieser Prachtbau aus dem 15. Jh. diente einst der reichen Kaufmannsfamilie van der Beurze – Namenspatin für alle späteren Börsen – als Herberge.

Am Jan van Eyckplein mussten einst die Waren durch den Zoll. Ringsum errichteten Kaufleute und Zünfte ihre **stattlichen Häuser,** die noch heute als Büro oder Wohnung genutzt werden. Mitten auf dem Platz steht das Denkmal des berühmten

031fl Abb.: gs

▲ *Grachten-Tour: Brügge von seiner schönsten Seite*

EXTRATIPP

Brügge mit dem Boot

„Venedig des Nordens" nennt sich Brügge stolz. Was also liegt näher, als die Stadt per Boot kennenzulernen. An gleich fünf Anlegeplätzen kann man an Bord gehen, die meisten liegen in der Nähe des Rozenhoedkaais oder der Liebfrauenkirche. Die rund 30-minütigen Touren führen kreuz und quer durch die **Reien,** wie die Grachten in Brügge heißen – vom Minnewaterpark bis zum J. van Eyckplein.

Die Boote sind in der Regel nicht überdacht, also Wind und Wetter ausgesetzt. Bei Regen werden jedoch Schirme zur Verfügung gestellt. Und eines sollte man immer bedenken: **Kopf einziehen!** Sonst macht man unter Umständen mit einer der vielen mittelalterlichen Brücken unangenehme Bekanntschaft.

Von März bis November verkehren die Boote zwischen 10 und 18 Uhr, den Rest des Jahres je nach Wetterlage (6,90 €, Kinder 3,20 €, kostenlos mit Brugge City Card).

flämischen Malers Jan van Eyck, der in Brügge starb und dessen bekanntestes Werk, der Genter Altar, in der Sankt-Bavo-Kathedrale 27 in Gent zu bewundern ist.

Richtung Nordosten schließt sich der **Woensdagmarkt** an, ein kleines, meist stilles Plätzchen mit einer Statue des Malers Hans Memling, der in der nahen Ägidiuskirche (Sint-Gilliskerk) [II D5/6] begraben liegt.

26 Rund um die Jerusalemkirche ★ [II F6]

In der östlichen Innenstadt liegen mit der Jerusalem- und Sankt-Anna-Kirche zwei spätgotische Juwele. Die **Jerusalemkirche (Jeruzalemkerk),** die ein italienischer Kaufmann der Stadt „zu Ehren der geheiligten Passion unseres Herrn Jesus Christus und seines heiligen Grabes" stiftete, soll an die Grabeskirche in Jerusalem erinnern. Am deutlichsten wird das in der Krypta, in der eine Nachbildung des Christusgrabes steht. Für die Armen ließ der Kirchenstifter nebenan eine Unterkunft errichten, in der heute

EXTRATIPP

Museum (nicht nur) für Schoko-Fans

„Choco-Story“ nennt sich eine interessante Privatsammlung im Stadtzentrum, die die Geschichte des Kakaos und der Schokolade dokumentiert. Wer will, kann den Chocolatiers dort auch bei der Pralinenfertigung zusehen. Anschließend darf probiert werden! Im gleichen Gebäude findet sich übrigens auch ein Lampenmuseum, mehr als 6000 Gegenstände erzählen die Geschichte der Zimmerbeleuchtung.

› **Choco-Story** (s. S. 39), Wijnzakstraat 2, Brügge, Tel. 050 612237, www.choco-story.be, tgl. 10–17 Uhr (Tickets bis 16.15), Eintritt: 7 €, Kinder 4 €

das Brügger Spitzenmuseum, das sogenannte **Kantzentrum** (s. S. 19), untergebracht ist.

Ganz in der Nähe findet sich zudem das **städtische Volkskundemuseum** (s. S. 40), acht einstöckige Häuschen, die im 17. Jh. von einer Almosenstiftung für Arme erbaut und später erweitert wurden. Heute gibt das Museum Einblick in alte Handwerkstechniken, aber auch in das ehemalige Alltagsleben. Für eine Pause immer gut ist das **Museumslokal De Zwarte Kat**, das mit selbstgebrautem Bier und anderen Leckereien aufwartet.

Vom Museum aus sind es nur wenige Schritte zur **Sankt-Anna-Kirche**, einem barocken Juwel mit sehenswertem Hochaltar, Beichtstühlen, Kanzel und Chorgestühl.

› **Jeruzalemkerk**, Mo.–Sa. 10–17 Uhr, Eintritt: 2,50 €

148 [II F6] **Sankt-Anna-Kirche (Sankt Annakerk)**, April–Sept. Mo.–Sa. 10–12 u. 14–17, So. 14–17 Uhr

GENT ENTDECKEN

Am Zusammenfluss von Leie und Schelde, den beiden wichtigsten flämischen Flüssen, liegt die Stadt Gent. Daran erinnert bis heute auch ihr keltischer Name „Ganda“, was so viel wie „Zusammenfluss“ bedeutet. Stahl- und Automobilindustrie sind hier ebenso zu Hause wie zahlreiche Garten- und Blumenbetriebe, die rund 80 % aller Grünpflanzen Belgiens erzeugen. Knapp eine viertel Million Einwohner zählt Gent heute, hinzu kommen mehr als 60.000 Studenten.

Das Genter Stadtpanorama mit seinen Kirchen und Türmen aus Gotik, Renaissance und Barock gilt als eines der schönsten Flanderns, seine Museen als die modernsten der Region. Außerdem reklamiert man die größte Fußgängerzone des Landes für sich und mit Burg Gravensteen eine der wichtigsten mittelalterlichen Burgen Europas.

GESCHICHTE

Ob schon die Römer auf Genter Boden siedelten, ist umstritten. Klar ist nur, dass Graf Balduin I., den sie wegen seiner Kampfeslust nur den „Eisenarm“ nannten, hier um die erste Jahrtausendwende eine Burg errichten ließ. Eine bekam den Namen des heiligen Bavo, der heute der Schutzpatron des Genter Bistums ist.

Schon früh verfügte die Stadt über das sogenannte **Stapelrecht**, war also berechtigt, beim Warenumschlag Steuern zu erheben. Der große Reichtum kam jedoch mit der **Tuchproduktion.** Mit rund 65.000 Einwohnern gehörte Gent **im 14. Jh. neben Paris zu den größten Städten nördlich der Alpen**, regiert von Patriziern, die mit den flandrischen Grafen und ihren französischen Verbündeten gemeinsame Sache machten – zum Unmut der Zünfte freilich, die nach mehr Unabhängigkeit strebten. Vor allem als die Einfuhr englischer Wolle gestoppt wurde, von der Gents Tuchindustrie abhängig war, verbündeten sich die Genter mit den Engländern gegen Frankreich. Doch langfristig war der Aufstand von keinem Erfolg gekrönt.

Anno 1500 kam **Kaiser Karl V.** in Gent zur Welt, der seine Heimatstadt gern zur Weltmetropole gemacht hätte. „Ich glaube nicht", schwärmte Erasmus von Rotterdam damals nach einem Besuch der Stadt, „dass in der ganzen Christenheit eine Stadt in Größe und Macht, politischer Organisation oder der Art ihrer Bewohner, dem Vergleich mit Gent standhält." Doch es kam anders. Weil Gent seinem Kaiser die Mittel zur Finanzierung seiner Kriege verweigerte, bestrafte dieser die Stadt. Privilegien wurden abgeschafft, die Abtei St. Bavo geschleift. Zwar blühten zur burgundischen Zeit Kunst und Kultur wieder auf, Albrecht Dürer fand Gent deshalb eine „große und wunderbare Stadt", auf Dauer aber war ihr **wirtschaftlicher Niedergang besiegelt.**

Erst im 18. Jh. sollte sich das Blatt wenden. Mithilfe englischer Spinnmaschinen wurde Gent zum **„Manchester des Kontinents"**. Das Klappern der Webstühle, erzählen sich die Einheimischen noch heute, habe schließlich zum Dehnen der Laute beigetragen und so dem Genter Dialekt seinen Stempel aufgedrückt. Mit der Industrialisierung kam der Wohlstand zurück, mit den neuen Maschinen aber wuchs auch die Unzufriedenheit der Arbeiter, die sich ausgebeutet, schlecht bezahlt und sozial nicht abgesichert fühlten. Die Folge war das Entstehen einer Arbeiterbewegung, die Gründung von Gewerkschaften und Parteien. Der **rebellische Geist der Genter,** der sich schon im Mittelalter gezeigt hatte, fand im Industriezeitalter seine Neuauflage.

032fl Abb.: gs

Heute gilt Gent als **eine der belgischen Vorzeigestädte.** So wurden große Teile der Altstadt in den letzten Jahren saniert und neuer Raum für Fußgänger und Citybummler geschaffen. Mit dem neuen Stadtmuseum (39) setzte man Maßstäbe in der Museumslandschaft. Zu einem der größten belgischen Straßenfeste haben sich inzwischen die „Geentse Feesten" entwickelt. Und besonders bekannt ist die Stadt heute nicht zuletzt für ihre Lichtinstallationen, die Gent allabendlich bis Mitternacht verzaubern.

ERLEBENSWERTES IM ZENTRUM

In Gent trifft Tradition auf Moderne. Zwei Stadtteile spiegeln diese Symbiose wider: die historische Altstadt zwischen Burg Gravensteen und Bavo-Kathedrale auf der einen und das Kunst- und Museumsviertel mit der Universität auf der anderen Seite. Beide verbindet die Veldstraat, Gents wichtigste Einkaufsachse. Einen Besuch sind beide Viertel wert, vor allem an sommerlichen Wochenendabenden, wenn in den Cafés und Discos bis frühmorgens gefeiert wird. Das liegt vor allem an den inzwischen mehr als 60.000 Studenten, keine andere belgische Stadt fühlt sich so jung an.

◄ *Lebendige Geschichte: Wie überall in Belgien schlüpft auch manch Genter an Festtagen in historische Kostüme*

(27) St. Bavo (St. Baafskathedraal) ★★★ [III F5]

St. Bavo ist neben Burg Gravensteen die wichtigste touristische Anlaufstation Gents. Das verdankt die Kathedrale vor allem dem weltberühmten Genter Altar, um den sich viele spannende Geschichten ranken (siehe Exkurs „Genter Altar") und der als eines der Meisterwerke flämischer Malerei gilt.

Von der romanischen Ursprungskirche – der heutige Chor stammt aus dem 14. und 15. Jh., der spätgotische Turm und das Hauptschiff aus den beiden folgenden Jahrhunderten – ist heute noch die **sehenswerte Krypta** aus dem 12. Jh. erhalten. Beeindruckend sind ihre Schlichtheit und die wenigen Fresken an den weißen Wänden. Unter anderem findet sich hier auch ein Jakobspilger auf dem Weg nach Santiago de Compostela, was beweist, dass Gent einst auch Pilgerstation war.

Während die Kathedrale von außen groß und mächtig wirkt, zeigt sie ihre wahre Größe aber erst im Inneren, wo sie mit ihrer Mischung aus grauem Scheldestein, rotem Backstein und weißem Kalkstein immer wieder für Erstaunen sorgt. Noch gewichtiger ist ihre Ausstattung mit der **Rokokokanzel** aus Eiche und Carrara-Marmor, die als eine der schönsten Belgiens gilt, und dem **barocken Hochaltar** aus weiß-schwarzem und geflämmtem Marmor samt flankierender Bischofsgräber.

Kunstfreunde dürfte auch das **riesige Rubensbild** interessieren, das den heiligen Bavo bei seinem Eintritt ins Kloster zeigt, wo ihn Sankt Amandus, der Apostel Flanderns, und Abt Floribert empfangen. Aushängeschild der Kathedrale aber ist der **Genter Altar** (siehe Exkurs), den ein heimischer

VAN EYCKS GENTER ALTAR – EIN MEISTERWERK MIT BEWEGTER GESCHICHTE

„Das ist ein über köstlich hochverständig Gemähl", schwärmte der Maler Albrecht Dürer in seinem Tagebuch, nachdem er den großen Flügelaltar in der Bavo-Kathedrale bei einem Besuch Gents im April 1521 gesehen hatte. Auch Goethe und Lessing waren angesichts des Kunstwerks hin und weg. Und selbst heute noch geraten viele ins Staunen, die ***das hinter dickem Panzerglas und im klimatisierten Umfeld hängende Bilderensemble*** *betrachten. Dutzende von Dissertationen haben sich mit seiner Entstehung beschäftigt, seiner Geschichte und seiner Technik. Kaum ein Bild hat die Wissenschaft mehr bewegt als der „Genter Altar".*

Genau betrachtet besteht der Altar aus ***zwei Teilen:*** *einer geschlossenen* ***Rückseite,*** *die man einst werktags zu sehen bekam, und einer aufgeklappten Version, die nur an Ostern, Weihnachten und Allerheiligen sichtbar war. Diese* ***Festtagsseite*** *zeigt Christus, den Weltenherrscher, daneben Maria und den Apostel Johannes. Ein Stück weiter finden sich zu beiden Seiten musizierende Engel in kostbaren Brokatkleidern und ganz außen die beiden ersten Menschen, Adam und Eva, nackt wie Gott sie schuf. Diese beiden Nackedeis waren einst die eigentliche Sensation, weshalb der Altar bei seiner Einweihung im Mai 1432 auch einfach nur „Adam und Eva" genannt wurde.*

Gewichtiger ist die untere Bildleiste, die sich ***thematisch auf die Offenbarung des Johannes bezieht,*** *das letzte Buch des Neuen Testaments. „Danach sah ich ...eine große Schar, die niemand zählen konnte, aus allen Nationen und Stämmen und Völkern und Sprachen, die standen vor dem Thron und vor dem Lamm, angetan mit weißen Kleidern und mit Palmzweigen in ihren Händen, und riefen mit großer Stimme: Das Heil ist bei dem, der auf dem Thron sitzt, unserm Gott, und dem Lamm!"*

Jan van Eyck hat diese Bibelstelle in bunten Farben visualisiert. In paradiesischer Umgebung zeigt er die ***Verehrung des Lammes,*** *des wichtigsten Christussymbols, weshalb das Altarbild heute auch unter dem Namen „Die Anbetung des Lammes" bekannt ist. Zwischen flämischen Kirchturmlandschaften wachsen Orangen- und Granatapfelbäumchen, Maiglöckchen, Pfingstrosen und Gänseblümchen. Ein Garten Eden, in dem es immer wieder Neues und Interessantes zu entdecken gibt. Im Mittelpunkt aber steht das Lamm, aus dessen Seite Blut in einen Abendmahlskelch strömt.*

Davor steht ein achteckiger Springbrunnen, aus dem Wasser in eine edelsteingeschmückte Rinne fließt. Es ist der ***Lebensbrunnen,*** *der vor dem Altar mit dem Gotteslamm allen Christenmenschen den Weg weisen soll. Päpste, Bischöfe, Kardinäle, Patriarchen, heilige Jungfrauen, Selige, Priester, Märtyrer, Einsiedler und Pilger – links und rechts um den Brunnen gruppiert – haben diesen Weg schon eingeschlagen und dienen als religiöse Vorbilder. Die jüngste, allerdings sehr umstrittene Theorie will in dem Gemälde gar eine versteckte Botschaft an die Ritter des Goldenen Vlies sehen,* *die mit dem Altarbild zu neuen Kreuzzügen motiviert werden sollten.*

Künstlerisch gehört das Bild zu den wichtigsten der Kunstgeschichte. Erstmals kreierte van Eyck nämlich ***Menschen aus Fleisch und Blut,*** *keine sphärische Gestalten wie die meisten Maler vor ihm. Damit erwies er sich als Lehrmeister der Moderne, als Vorbild für Maler wie Holbein, Brueghel, Memling oder Bosch – und auch Italiens große Künstler wie Raffael, Botticelli oder da Vinci sollen von ihm profitiert haben.*

Abenteuerlich ist die Geschichte des Bildes, *das schon im 16. Jh. erstmals renoviert wurde. Immer wieder weckte es Begehrlichkeiten. Schon Philipp der Schöne hätte das Altarbild gerne an sich genommen, musste aber schließlich mit einer Kopie vorlieb nehmen. 1566 gelang es nur knapp, das Kunstwerk vor den Bilderstürmern zu retten, 1578 geriet es schließlich doch in Besitz der Calvinisten, die es im Rathaus zur Schau stellten. 1781, so heißt es, ließ der österreichische Kaiser Joseph II. Adam und Eva durch „bekleidete" Kopien ersetzen, weil er an der Nacktheit der beiden ersten Menschen Anstoß genommen hatte.*

Nach der Einnahme Flanderns durch französische Truppen gerieten die Mittelteile des Altars nach Paris, wo sie im Musée Napoléon, dem heutigen Louvre, vorübergehend eine neue Heimat fanden. Die restlichen Teile gingen in den Kunsthandel, bis sie schließlich für 400.000 Gulden vom preußischen König gekauft und in Berlin ausgestellt wurden. Um Vorder- und Rückseite besser zeigen zu können, zersägte man den Altar in einzelne Teile. Mit dem Vertrag von Versailles allerdings kamen die Fragmente trotz heftigen deutschen Widerstandes zurück nach Belgien, wo man die Berliner Teile des Altars mit den einst im Louvre gezeigten Stücken wieder kunstvoll zusammenfügte. Anschließend brachte man den Altar zurück in die Genter Bavo-Kathedrale.

1934 wurden dort die ***Tafeln mit Johannes dem Täufer und den „Gerechten Richtern" gestohlen.*** *Während das Johannes-Bild zurückgegeben wurde, sind die „Gerechten Richter", die man wenig später durch eine Kopie ersetzte, bis heute verschollen geblieben. Die Geschichte des Diebstahls wird auch im neuen stadthistorischen Museum STAM eindrucksvoll dokumentiert.*

Im Zweiten Weltkrieg lagerte man den Genter Altar nach Südfrankreich aus, wo ihn die Nazis entdeckten und schließlich in einem Salzbergwerk in der österreichischen Steiermark lagerten. Nach dem Krieg wurde das Bildensemble zunächst in Brüssel gründlich restauriert, ehe es im Jahr 1986 in die Genter Kathedrale zurückgebracht wurde.

Inzwischen hat man das Kunstwerk erneut renoviert. Weitere Spezialuntersuchungen sollen klären, wer das Bild genau gemalt hat, gilt doch auch Jan van Eycks Bruder als Mitgestalter des Altarbildes. Für die Wissenschaft jedenfalls sind noch lange nicht alle Rätsel um eines der schönsten flämischen Kunstwerke gelöst!

0461fl Abb.: gs

Patrizier bei den Brüdern van Eyck in Auftrag gegeben hatte. In der Kirche gilt absolutes Fotografierverbot!

› Sint Baafskathedraal, http://users.skynet.be/sintbaafskathedraal-gent, Tel. 09 2692045, April–Okt. Mo.–Sa. 8.30–18, So. 13–18 Uhr, Nov.–März Mo.–Sa. 8.30–17, So. 13–17 Uhr, Eintritt frei, kostenlose Führungen.
› **Genter Altar:** April–Okt. Mo.–Sa. 9.30–17, So. 13–17 Uhr, Nov.–März Mo.–Sa. 10.30 –16, So. 13–16 Uhr (Tickets bis 15.30 Uhr), 4 € mit Audioguide

▲ *St.-Bavo-Kathedrale, Haupteingang*

28 Sint-Baafsplein ★ [III E5]

Vor der Kathedrale findet sich mit der Sint-Baafsplein einer der wichtigsten Treffpunkte der Einheimischen, ein großer Platz, der gesäumt ist von Restaurants und Straßencafés.

Neben Kathedrale 27 und Belfried 29 ist hier auch das **Königlich Niederländische Theater** zu Hause (jetzt Nederlands Toneel Gent), über dem die Göttin Harmonia nach dem Rechten sieht. Die neue Brasserie im Foyer des Theaters bietet von der Terrasse einen wunderschönen Blick auf den Belfried. Das große **Denkmal** auf dem Platz erinnert an Jan Frans Willems (1793–1846), einen der wichtigsten Kämpfer für die flämische Identität. Die Restaurants an der Nordseite sind bekannt für ihre Küche, vor allem für Waterzooi, Gents Nationalgericht (s. S. 21). Auf dem benachbarten **Emile Braunplein** steht eine riesige Glocke, die vormals im Belfried hing.

29 Belfried ★★★ [III E5]

Mit fast 100 m Höhe ist der Belfried (Belfort) das eigentliche Wahrzeichen der Stadt Gent, auf alle Fälle das Symbol ihrer Unabhängigkeit. Hier wurden doch lange Jahre die wichtigsten Urkunden der Genter Geschichte aufbewahrt – jene Dokumente, die der Stadt einst ihre Privilegien verliehen.

Obwohl mit dem Bau des mächtigen Turmes schon um das Jahr 1300 begonnen wurde, dauerte es einige Zeit, bis er sein endgültiges Aussehen fand. Die erste Turmspitzenversion wurde 1380 aufgesetzt, die heute zu bestaunende datiert aus dem Jahr 1913. Nicht zu übersehen ist außerdem der **vergoldete Kupferdrache,** der seit 1380 die Spitze des Belfried krönt.

Wer Zeit und Lust hat, dem sei ein **Aufstieg auf den Turm** empfohlen, von dem sich **einer der schönsten Blicke auf die Stadt** bietet. Ein Aufzug hilft beim Überwinden der Höhenmeter, allerdings sind die Wege oben sehr eng, sodass manchen Turmbesteiger die Höhenangst beschleicht.

Einiges zu sehen gibt es nachmittags während der Führungen (14.30 und 15.30 Uhr) auch im Turm selbst. So kann man im fünften Stock die **Mechanik der berühmten Turmuhr** von 1670 bewundern, die als eine der ältesten Belgiens gilt. Aufmerksamkeit hat auch das **Glockenspiel** verdient, das heute über 55 Glocken verfügt. Eine CD mit den Glockenklängen gibt es an der Turmkasse.

› Sint-Baafsplein, Tel. 09 3753161, www.visitgent.be, tgl. 10–18 Uhr, Eintritt: 5 € (bis 19 Jahre frei), im Winter oft geschlossen

30 Tuchhalle (Lakenhalle) und Rathaus (Stadhuis) ★ [III E5]

An den Belfried grenzt die gotische Tuchhalle, die den Textilhändlern einst **als Versammlungsstätte diente.** 1742 wurde ein Teil der Halle zum Stadtgefängnis umfunktioniert, als das es bis anno 1902 genutzt wurde.

Bemerkenswert ist der sogenannte **„Mammelokker"** über dem Eingang, ein Relief aus der römischen Sagenwelt. Es zeigt einen Greis, dem seine Tochter die Brust *(mamme)* zu trinken *(lokken)* gibt und ihm so das Leben rettet. Angeblich geht die Darstellung in Gent auf ein Gemälde von Peter Paul Rubens zurück, der 1630 „Die Rettung Simons" malte. Eine andere Geschichte erzählt von einem in Gent eingekerkerten Mann, der zum Hungertod verurteilt worden war. Nur seine Tochter durfte ihn zuletzt noch besuchen, die ihm dann die Brust gereicht haben soll. Als er nach einem halben Jahr immer noch lebte, hätten die Richter ihn schließlich freigelassen. Heute dient die Tuchhalle als Veranstaltungsraum und ist für allgemeine Besichtigungen nicht zugänglich.

Nördlich der Tuchhalle befindet sich das **Rathaus, einer der prächtigsten Bauten Gents,** den freilich völlig unterschiedliche Baustile prägen. So zeigt sich die Fassade an der Hoogpoort in gotischer Pracht mit reichstem Figurenschmuck. Im Kontrast dazu präsentiert sich die Seite zum Botermarkt im schlichten Renaissancekleid. Im Inneren findet sich der sogenannte **Pazifikationssaal,** in dem 1576 die nördlichen und südlichen Provinzen der Niederen Lande ihren Religionsfrieden schlossen, und eine hübsche Hochzeitskapelle mit schönen Glasfenstern. Leider sind Besichtigungen nur im Rahmen offizieller Stadtführungen möglich (s. S. 104).

31 Werregarenstraat ★ [III E5]

Lange Jahre war das krumme Gässchen nur eines von vielen in der Stadt, ein bisschen verdreckt und oft dunkel. Inzwischen aber kommen auch Touristen hier vorbei und die Gasse liegt sogar auf der Route vieler Stadtführungen. Der Grund hierfür sind die **vielen Graffitis an den Wänden** der Gasse, die inzwischen als bunte Zeugen zeitgenössischer Kultur verstanden werden.

Nachdem immer mehr Gebäude in der Stadt von Sprayern attackiert worden waren, gaben die Stadtväter deshalb das ganze Gässchen zum Bemalen frei. So wurde die Werregarenstraat zum **Symbol des neuen, jungen Gent.**

033fl Abb.: gs

㉜ Vrijdagmarkt (Freitagsmarkt) ★★ [III E4]

Der große Platz ist Gents zentraler Treffpunkt. Hier spielte sich jahrhundertelang ein Großteil des öffentlichen und politischen Lebens ab, hier wurde gefeiert und demonstriert, hier wurde vor allem aber auch gehandelt.

1199 wurde der Vrijdagsmarkt erstmals in einer Urkunde erwähnt und noch heute ist hier freitags und samstags Markt.

Bis auf das **„Türmchen“** („'t Toreken“, Vrijdagsmarkt 36), dem ehemaligen **gotischen Gildehaus der Gerber**, an dem auch die Marktglocke hängt, stammen fast alle Häuser aus dem 18. Jh. Architektonisch aus dem Rahmen fällt das im frühen 20. Jh. entstandene „Ons Huis“ („Unser Haus“), der Sitz der sozialistischen Arbeitervereinigungen. Nicht zu übersehen ist auch das große Denkmal in der Mitte. Es zeigt den Volkshelden Jakob van Artevelde, der den Boykott der englischen Wolleinfuhren stoppen konnte.

Heute befindet sich unter dem Vrijdagmarkt eine der größten Parkgaragen Gents, weshalb der Platz für die Erkundung der Altstadt einer der beliebtesten Ausgangspunkte ist. Vom Markt ist es nur ein Katzensprung zu den alten Grachten und zur Burg Gravensteen ㉞. Auf dem Weg dorthin quert man den **Grootkanonplein** (Großkanonenplatz) [III E4] mit der 12,5 t schweren, im Volksmund „Dulle Griet“ genannten Kanone. Das unhandliche Geschütz aus dem 15. Jh. konnte mit bis zu 300 Kilo schweren Steinkugeln geladen werden – als Kriegsgerät kam es jedoch nie zum Einsatz, heute dient es Touristen vor allem als Fotokulisse.

▲ *Sonntäglicher Vogelmarkt auf dem Vrijdagmarkt*

33 Kraanlei und Patershol ★★ [III E4]

Eine der schönsten Straßen Gents ist die **Kraanlei**, an der sich **zahlreiche alte Bürgerhäuser** finden, zum Teil, wie die Hausnummern 3–11 unter Beweis stellen, mit schönen gotischen Fassaden.

Dahinter schließt sich mit dem **Patershol** das **neue Szeneviertel Gents** mit vielen kleinen Restaurants, Cafés und Boutiquen an. Bohemiens und die örtliche Schickeria haben das **mittelalterliche Quartier** neu entdeckt, das einst als Armenviertel keinen guten Ruf hatte. Heute aber ist es in, hier zu wohnen und auszugehen, auch wenn viele Restaurants im Patershol nicht gerade billig sind.

Preiswerter geht es in der benachbarten **Oudburg** [III E4] zu, **Gents multikultureller Vorzeigestraße**, wo afrikanische und asiatische Händler auch sonntagmorgens ihre Lebensmittelädchen offen halten.

Wer einen Einblick in das Leben der Genter Bürger um die vorletzte Jahrhundertwende sucht, ist im **Volkskundemuseum „Huis van Alijn“** (s. S. 40) an der richtigen Adresse. Der Name erinnert an eine alte Patrizierfamilie, die hier einst ein Hospiz für ältere Frauen unterhielt. Heute werden die 18 kleinen, um einen hübschen Innenhof errichteten Häuschen als Museum genutzt. Möbel, Haushaltsgeräte und andere Alltagsgeräte dokumentieren, wie die Menschen in Gent einst lebten.

EXTRATIPP

Fundgrube für Genever-Freunde

Sie suchen einen guten Genever, vielleicht als Souvenir? Dann schauen Sie bitte im Dreupelkot vorbei, wo Pol Rysenaer sich Ihrer annimmt. Belgiens beste Genever hat er im Ausschank, gut 200 verschiedene Marken, auch manchen Hausbrand. Da bleibt die Qual der Wahl, zum Glück kostet das Probiergläschen lediglich 2 €.

› **'t Dreupelkot** (s. S. 19), Groentenmarkt 12, Gent, Tel. 09 2242120, tgl. 16–1 Uhr (Juni bis August ab 18 Uhr)

34 Burg Gravensteen ★★★ [III D4]

Sie ist eine der wichtigsten Touristenattraktionen der Stadt, ein mächtiges Bollwerk mitten in Gent. Nur einmal in ihrer langen Geschichte wurde Burg Gravensteen eingenommen: im November 1949, nachdem der Bierpreis deutlich gestiegen war und Studenten die Burg besetzten, um dagegen zu protestieren. Genutzt hat es nicht, das Bier blieb teuer.

Ihre schönste Seite zeigt die Burg von einem der Boote aus, die an Gras- oder Korenlei 35 zwischen 10 und 18 Uhr zu ihren Rundfahrten starten. Der Haupteingang der Burg liegt aber gegenüber dem **Sint-Veerleplein**, dem vermutlich ältesten Versammlungsplatz der Stadt. Vom Mittelalter bis in die Zeit des Barock diente er als Markt, aber auch als Hinrichtungsstätte während der Inquisition. Die Häuser ringsum wurden oder werden zurzeit aufwendig saniert und sollen einmal das neue Herzstück der Stadt werden. Anfang 2012 wird dann auch das Tourismusbüro hier seine Pforten öffnen.

Als eigentlicher Bauherr der Burg Gravensteen gilt Flanderns Graf Philipp von Elsass, der die Anlage zu einer Festung ausbaute. Die Genter wollen in dem mächtigen Bau jene Burg sehen, die den wohl berühmtesten Ritterroman des Mittelalters inspirierte:

„Perceval Le Gallois ou le Conte du Graal" von Chrétien de Troyes. Dieses mittelalterliche Meisterwerk übersetzte Wolfram von Eschenbach ganz frei ins Deutsche und regte schließlich auch Richard Wagner zu seinem „Parsival" an. Unstrittig ist, dass die Grals-Erzählung am Hofe Phillips von Flandern entstand und dass sich sein Autor vom Leben und Treiben auf Burg Gravensteen zu seinem höfischen Versroman inspirieren ließ. Die **mittelalterliche Welt der Turniere** wird noch heute an einigen Sommerwochenenden lebendig, wenn Ritter und Knappen den Burghof bevölkern, sich mit Schwertern hauen und ihre Turnierrösser durch die Burg hetzen. Mittelalterspektakel nennt man das heute.

Bis ins 14. Jh. residierten die flandrischen Grafen in der Burg. Später war Gravensteen nur noch Verwaltungssitz und Gerichtshof, schließlich ein Ort ohne große Bedeutung. Zeitweise beherbergte die Burg gar eine kleine Baumwollspinnerei, ehe die Stadt den Komplex kaufte und zur Weltausstellung 1913 gründlich restaurierte. Seitdem besichtigen jährlich Zehntausende von Neugierigen, die hier ein bisschen Mittelalter schnuppern wollen, die Burg. **Alte Folterinstrumente** samt einer authentischen Guillotine und eine **umfangreiche Waffensammlung** helfen ihnen dabei.

Für alle, die das Mittelalter noch intensiver erleben wollen, gibt es – inzwischen auch in deutscher Sprache – einen **Movieguide.** Dabei wird mittels eines mobilen Handcomputers das Leben auf der Burg lebendig. Vier historische Figuren nehmen den Besucher an die Hand: Philipp von Elsass und seine Frau Mathilde von Portugal, ein jüdischer Wollhändler und Chrétien de Troyes, der schon erwähnte Autor des ersten Grals-Romans. Vier Menschen, die alle hier lebten und uns heute erzählen, was zwischen Weihnachten 1189 und September 1190 auf Gravensteen passierte – jenem Jahr, als der Graf zum Kreuzzug ins Heilige Land aufbrach und seine Frau die Regierungsgeschäfte übernahm.

› **Burg Gravensteen**, Sint-Veerleplein 11, Gent, Tel. 09 2259306, www.gent.be/gravensteen, April–Sept. tgl. 9–18 Uhr, Kassenschluss 17 Uhr, Okt.–März tgl. 9–17 Uhr, Kassenschluss 16 Uhr, Erwachsene 8 € inkl. Movieguide (bis 19 Jahre Eintritt frei)

35 Korenlei und Graslei ★★★ [III D5]

Die beiden Uferpromenaden gehören zu den schönsten Belgiens. Vor allem im Sommer drängen sich hier die Menschen. Alt und Jung suchen dann nach ein bisschen Dolce Vita, lassen es sich auf den Terrassen der Cafés und Restaurants gut gehen oder sitzen einfach nur lässig am Ufer. Zwischen Michaelsbrücke und der Burg Gravensteen zeigt sich Gent ganz mediterran. Und von hier aus starten auch die Boote ihre täglichen Touren durch die Grachten.

Früher lag an dieser Stelle der **Hafen von Gent**, denn die Stadt war über die Leie bis hierher auch mit großen Schiffen zu erreichen. Und auch die Namen der Uferstraßen verraten, dass hier einst Waren umgeschlagen wurden: Weizen an der Korenlei – deshalb öfter auch Koornlei genannt –, Gemüse, Kräuter und Gewürze entlang der Graslei.

Rechts und links zieren **alte Zunfthäuser** die Wasserstraße, prächtige Bauten, die zur Weltausstellung 1913 meist erstmals renoviert wurden. Dabei sollen es die Architekten mit der

historischen Wahrheit nicht immer so genau genommen haben. Den Besucher heute stört das nicht, er empfindet die Häuserzeilen als ein Stück authentisches Mittelalter. Dahinter lebt die Moderne, wie man sich im Marriott-Hotel an der Korenlei oder im Belga Queen (s. S. 33) auf der gegenüberliegenden Uferseite selbst überzeugen kann.

Eines der **Prunkstücke auf der Korenlei** ist das **„Haus der Unfreien Schiffer“**, dessen elegante barocke Fassade sofort ins Auge fällt. Zwei Anker zieren seinen Giebel. Nebenan findet sich **„De Zwane“** mit prachtvollen Schwanendarstellungen. **„Spijker“** heißt das älteste Haus an der Graslei, ein romanisches Prachtstück aus dem frühen 13. Jh., in dem bis Mitte des 18. Jh. noch Getreide gelagert wurde und das heute ein Nobelrestaurant beherbergt. Auch das Haus nebenan, das sogenannte Cooremetershuys (Graslei 13), das auf einen Bau aus dem 16. Jh. zurückgeht, diente einst als Kornlager.

36 Michaelskirche ★ [III D5]

Wichtigster Übergang vom einen zum anderen Leie-Ufer ist die **Michaelsbrücke.** Von ihrer Mitte bietet sich, wie die Einheimischen jedem Fremden gern stolz zeigen, **einer der schönsten Blicke in Gent:** die Sicht auf die Türme der Nikolauskirche 37, von Belfried 29 und St. Bavo 27.

Die Michaelskirche ist **reich mit Gemälden ausgestattet,** unter anderem mit einem „Christus am Kreuz“ von Anthonis van Dyck. Südlich der Kirche liegt das ehemalige Dominikanerkloster Pand, dessen Bücher einst die Calvinisten in die Leie warfen. Heute gehört das Kloster zur Universität, die hier zahlreiche Sammlungen untergebracht hat (Besichtigung auf Anfrage).

› **Michaelskirche,** Sint-Michielsplein, www.kerk-in-gent.be, April–Sept. Mo.–Sa. 14–17 Uhr, Eintritt frei

▲ *Vielleicht Belgiens schönste Uferpromenade: Gents Graslei*

37 Korenmarkt und Nikolauskirche ★ [III E5]

Am Korenmarkt (Kornmarkt), dem **alten Handelszentrum Gents** und heute wichtigsten Verkehrsknotenpunkt befindet sich die neu renovierte Nikolauskirche. Sie ist dem Patron der Seefahrer und Kaufleute gewidmet, welche die Kirche immer wieder mit großzügigen Schenkungen versahen. Architektonisch gilt sie als **eines der besten Beispiele der sogenannten Schelde-Gotik.** Darunter versteht man eine flämische Variante der Gotik, bei der man den Kirchturm gewöhnlich über der sogenannten Vierung anstatt wie sonst üblich auf der Westseite der Kirche anbrachte. Zum wichtigsten Baumaterial wurde der Backstein. Prunkstück des Gotteshauses ist die ebenfalls renovierte, nach dem französischen Orgelbauer Cavaillé Coll benannte Orgel, die oft für Konzerte genutzt wird.

Vom Korenmarkt zweigt übrigens das Sträßchen Klein Turkje ab, in dem Albrecht Dürrer während seines Gentbesuches eine Zeit lang verkehrte. (In Gent sind auch seine berühmten Löwen-Zeichnungen entstanden, die heute in der Wiener Albertina zu betrachten sind.) In der auf der anderen Seite liegenden Sint-Niklaasstraat 2 findet sich das sehenswerte **Gildehaus der Steinmetze** aus dem 16. Jh., das in der Graslei noch einmal als Kopie zu finden ist. Oben auf dem Treppengiebel drehen sich sechs Moriskentänzer im Wind.

› **Nikolauskirche (Sint-Niklaaskerk),** Cataloniestraat, www.stniklaas.com, Di.–So. 10–17, Mo. 14–17 Uhr, Eintritt frei

► *Sonntäglicher Treffpunkt: der Blumenmarkt an der Kouter*

38 Veldstraat und Kouter ★ [III E6]

Vom Korenmarkt führt die **Veldstraat zum Kouter**, dem Scharnier zwischen der historischen Altstadt und dem Universitäts- und Kulturviertel im Süden. Die Veldstraat, **Gents wichtigste Einkaufsachse**, ist aber auch für Kulturfreunde interessant.

Zum einen findet sich hier das **Hotel d'Hane-Steenhuyse** (Veldstraat 55) mit prachtvoller Rokokofront, zum anderen das **Haus Nr. 82 (Museum Arnold van der Haeghen)**, in dem Manuskripte und persönliche Erinnerungsgegenstände wie die Bibliothek des Schriftstellers Maurice Maeterlinck ausgestellt werden, der in Gent zu Hause war und als Literatur-Nobelpreisträger Weltruhm erlangte.

Wer Gent und seine Bürger näher kennenlernen will, muss sonntagmorgens über die **Kouter** flanieren, den Blumenmarkt, der bis heute als einer der wichtigsten Treffpunkte der Einheimischen gilt.

Früher fanden hier Truppenparaden und Turniere statt, Pferdemärkte oder Schießwettbewerbe, heute werden hier **Pflanzen und Schnittblumen** jeder Güte umgeschlagen.

Schon im 19. Jh. war die Kouter traditionell Ziel der Genter Sonntagsspaziergänger. Endpunkt ihres Morgenganges ist auch heute noch der **kleine, blaue Kiosk** auf dem Platz, an dessen Stehtischen man sich zum Brunch einfindet, zu dem in Gent frische Austern gehören. Und wie früher verwöhnen auch heute noch kleine Kapellen, Chöre oder Orchester die Sonntagsbummler im Sommer mit ihren **Platzkonzerten.**

› **Museum Arnold van der Haeghen,** Veldstraat 82, Gent, Tel. 09 2698460, Mo.–Fr. 10–12 u. 14–16 Uhr, Eintritt frei

034fl Abb.: gs

39 Stadtmuseum Gent (STAM) ★★★ [III D8]

Ein Stadtmuseum wie aus dem Bilderbuch: Das Gebäude der stadthistorischen Sammlung vereint alte und neue Architektur. Den Kern bildet ein altes Kloster, die Bijloke-Abtei, deren älteste Teile aus dem Mittelalter stammen.

Zu den Highlights des Museums zählt der **gotische Speisesaal** des Klosters mit seinen einmaligen Wandmalereien. Aber auch der Rest kann sich sehen lassen. Auf 2800 m² Ausstellungsfläche wird die Geschichte Gents gezeigt und ein Ausblick auf künftige Stadtprojekte wie die Neugestaltung des alten Stadthafens geboten. Gents mittelalterliche Blütezeit veranschaulichen Gemälde und religiöse Gegenstände wie Prozessionsstangen oder Teufelsmasken, die bei kirchlichen Umzügen getragen wurden. Ebenfalls nicht zu kurz kommt die Rolle Gents als Industriestadt und Geburtsstätte der belgischen Arbeiterbewegung.

Beeindruckend sind die zahlreichen **Multimedia-Installationen**, die auch für unerfahrene Nutzer leicht zu bedienen sind. Und für Kinder gibt es eine **Spielecke** mit Lego-Bausteinen, aus denen die Jüngsten Gent in Miniatur ganz neu erschaffen können.

› STAM, Bijlokeviertel, Godshuizenlaan 2, Gent, Tel. 09 2671400, www.stamgent.be, Di.–So. 10–18 Uhr (Tickets bis 17.30 Uhr), 6 € (bis 19 Jahre frei)

40 St. Peterskirche und Universitätsviertel ★ [III F8]

Rund um die St. Peterskirche erstreckt sich das Universitätsviertel. So ist neben der 57 m hohen Kuppel von St. Peter, deren Vorbild, behauptet man in Gent, die Peterskirche in Rom gewesen sein soll, der **mächtige neue Bücherturm** (Rozier 9, www.lib.ugent.be) mit seinen 64 m Höhe nicht zu übersehen – ein architektonisches Meisterwerk des belgischen Stararchitekten Henry van de Velde. Der 24 Stockwerke hohe Bücherturm gilt als Symbol der Universitätsstadt. Er fasst mehr als drei Millionen Bücher, die hier auf ihre Leser warten.

Die Peterskirche wurde **auf dem Fundament einer romanischen Abtei errichtet.** Das schon im 7. Jh. gegründete Kloster wurde Ende des 18. Jh. auf politischen Druck hin aber aufgelöst. Sein mittelalterliches Refektorium ist noch immer eine Augenweide.

In der **Kunsthalle der St. Petersabtei** (s. S. 40) finden regelmäßig Ausstellungen statt. Wer will, kann mit einem Movieguide durch die Abtei streichen, bei dem ein „digitaler Mönch" den Besucher auf eine spannende Reise mitnimmt.

› **St. Peterskirche und Kunsthalle,** Sint-Pietersplein 9, Tel. 09 2439730, www.visitgent.be, tgl. 10–18 Uhr, Eintritt: 8 €, mit Movieguide 11 €

41 Museum für Schöne Künste im Citadelpark ★★★ [III E9]

Im Süden der Stadt findet sich Gents erste Anlaufstation für alle Freunde alter und neuer Kunst. Gleich zwei international bedeutende Musentempel locken Kunstsinnige aus aller Welt in die Stadt.

Das 16 ha große Parkgelände bietet Platz für **Gents wichtigste Kunsttempel:** das Museum für Schöne Künste (s. u.) und das städtische Museum für zeitgenössische Kunst, kurz S.M.A.K. (Stedelijk Museum voor actuelle Kunst) genannt (s. S. 40).

Das **Museum für Schöne Künste** beherbergt eine der wichtigsten europäischen Gemäldesammlungen. In dem klassizistischen Bau liegt der Schwerpunkt auf der Kunst des 19. und 20. Jh. Zeichnungen und Gemälde zeugen von der Seelenlage der **Romantiker, Impressionisten, Expressionisten und Surrealisten.**

Zu den wertvollsten Ausstellungsstücken in den 44 Sälen gehören zwei **Bilder von Hieronymus Bosch,** dessen „Kreuztragung" und „Der Heilige Hieronymus" Besucher aus aller Welt immer wieder aufs Neue faszinieren. Aber auch Jacob Jordeans „Mariä Himmelfahrt", entstanden um 1650, und Rogier van der Weydens „Madonna mit Kind" (um 1480) verdienen besondere Beachtung.

Wer will, kann hier und im gegenüberliegenden S.M.A.K. leicht einen ganzen Tag verbringen. Dazu tragen auch die beiden Museumscafés und -bistros bei, die mit moderaten Preisen und tollem Ambiente punkten.

› **Museum für Schöne Künste (MSK) Gent,** Citadelpark, Gent, Tel. 09 2400700, www.mskgent.be, Di.–So. 10–18 Uhr, Eintritt: 5 € (inkl. Audioguide), Kinder und Jugendliche bis 18 Jahre frei

PRAKTISCHE REISETIPPS

004fl Abb.: gs

AN- UND RÜCKREISE

Wer Flanderns Metropolen besuchen will, braucht eigentlich kein eigenes Fahrzeug, denn alle Städte sind **mit dem Zug leicht zu erreichen.** Vor Ort stehen für Fußfaule Mietwagen oder Fahrräder zur Verfügung. Was gegen das eigene Auto spricht, sind zudem die **großen Fußgängerzonen und teuren Parkplätze.** Vor allem Brügge und Gent haben ihre Innenstädte zum Großteil für den Verkehr gesperrt.

Wer allerdings einen kurzen Badeurlaub an der Nordsee in sein Ferienprogramm mit einplant oder seine Zelte nicht in der Stadt, sondern auf dem Land aufschlagen will, ist mit den eigenen vier Rädern am besten dran. Die Anreise mit dem Flugzeug lohnt sich bestenfalls für Österreicher, Schweizer, Süd- und Ostdeutsche.

MIT DEM AUTO

Wer nicht gerade im deutschen Westen wohnt, ist mit dem Auto nach Flandern gewöhnlich einen Tag unterwegs. Wer aus Österreich, der Schweiz oder Süddeutschland anreist, sollte unter Umständen eine Übernachtung in der Saar-Lor-Lux-Region oder den Ardennen einplanen. Die **grüne Versicherungskarte** als Nachweis der Kfz-Haftpflichtversicherung ist für die Einreise nach Belgien keine Pflicht, kann einem aber Ärger ersparen.

Belgien hat ein **besonders dichtes und sehr gut ausgebautes Autobahnnetz.** Die Anreise nach Antwerpen, Brügge und Gent erfolgt in der Regel über die Autobahn Köln–Aachen–Brüssel oder Duisburg–Eindhoven–Antwerpen oder für alle, die aus Richtung Schweiz oder Baden-Württemberg kommen, über die Autobahn Luxemburg–Brüssel.

Mautgebühren kennt Belgien im Moment noch keine. Nur der Autobahntunnel auf dem Antwerpener Ring kostet Gebühren. Allerdings plant das Land ab 2013 die Einführung einer Maut auf Autobahnen und Schnellstraßen.

MIT DEM ZUG

Nachdem auch Belgien seine Schnellbahnstrecken weiter ausgebaut hat, ist die Bahn eine bequeme und **schnelle Alternative zum Auto.** Viele Züge fahren direkt nach Brüssel, von wo es nicht mehr weit zu den anderen flandrischen Städten ist. So ist man z. B. von Frankfurt aus mit dem ICE in rund drei Stunden in Belgiens Hauptstadt, etwa sieben Stunden dauert die Anreise aus Hamburg oder Berlin.

Von Brüssel aus verkehren Anschlusszüge Richtung Antwerpen, Gent oder Brügge tagsüber mindestens im Stundentakt, zu Spitzenzeiten noch häufiger. Die Fahrzeit von Brüssel nach Antwerpen dauert ca. 35 Minuten, nach Gent rund 40 Minuten und nach Brügge eine knappe Stunde.

Wer nicht an einen bestimmten Termin gebunden ist, sollte den **Sondertarif Europa-Spezial** der Deutschen Bahn nutzen, der schon für 39 € (1. Klasse: 69 €) eine einfache Fahrt nach Flandern möglich macht. Allerdings muss man sich dann auf bestimmte Züge festlegen, man ist also nicht so flexibel wie mit einer normalen Fahrkarte. Über die besten Zugverbindungen nach Antwerpen, Brügge

◄ Vorseite: Pferdewagen am Antwerpener Grote Markt 9

und Gent informieren die Webseiten der jeweiligen Bahngesellschaften:

- › www.bahn.de
- › www.sbb.ch
- › www.oebb.at
- › www.b-rail.be
- › www.thalys.com
- › **Info-Telefon der Belgischen Bahn** zu Sonderangeboten und Fahrzeiten: Tel. +32 (0)25 282828 (tgl. 7–21.30 Uhr)

MIT DEM BUS

Für jüngere Leute und Reisende mit größerem Gepäck und viel Zeit ist die Anreise mit dem Bus eine Überlegung wert. In der Regel fährt das Busunternehmen Deutsche Touring von vielen größeren deutschen Städten aus nach Flandern (einfache Fahrt zum Teil schon für unter 20 €). Von Wien über Linz betreibt die Firma Eurolines, ein Zusammenschluss europäischer Busgesellschaften, eine Verbindung nach Belgien.

- › **Deutsche Touring GmbH,** Am Römerhof 17, 60486 Frankfurt, Tel. 069 790350, www.touring.de
- › www.eurolines.com

MIT DEM FLUGZEUG

Auch wenn Antwerpen einen eigenen Airport hat, aus Deutschland, Österreich und der Schweiz wird die Stadt nicht direkt angeflogen. Das gilt auch für den wichtigsten westflämischen Flughafen Ostende/Brügge. Für Flugreisende nach Flandern bleibt so zur Anreise nur der **internationale Flughafen Brüssel-Zaventem** (www.brusselsairport.be), der knapp 14 km nordöstlich der belgischen Hauptstadt liegt. Für Brügge kommt unter Umständen auch eine Anreise über den französischen Flughafen Lille in Betracht.

Brüssel-Zaventem wird täglich von allen großen deutschen, Schweizer und österreichischen Flughäfen aus angesteuert. Oft – wie nach Berlin, Frankfurt, Zürich oder Wien – gibt es gleich mehrere Verbindungen am Tag. Zu den **wichtigsten Fluglinien** nach Belgien gehören Lufthansa, Austrian Airlines, Swiss und Brussels Airline. Als Chartergesellschaft operiert auf der Strecke nach Berlin und Genf auch easyJet. Wer sehr früh bucht, kommt schon zu Preisen von bis 200 € nach Belgien und zurück.

Suchmaschinen wie www.billig-fliegen.de helfen gelegentlich bei der Jagd nach einem Schnäppchen. Noch sicherer geht man, wenn man die Webseiten der einzelnen Fluggesellschaften nach günstigen Angeboten durchforstet. Oft kann man, wenn man seine Reise nur um ein paar Stunden oder Tage verlegt, sehr viel Geld sparen.

- › www.lufthansa.com
- › www.brusselsairlines.com
- › www.swiss.com
- › www.easyjet.com
- › www.austrian.com

Kein Problem ist die Verbindung **vom Flughafen Brüssel in die flandrischen Metropolen.** Direkt unter dem Terminal befindet sich eine Bahnstation, von der Züge bis zu viermal stündlich in ca. 20 Minuten zu den drei wichtigsten Bahnhöfen Brüssels (Nord, Central und Midi) fahren. Von dort geht es nach Antwerpen, Brügge oder Gent zum Teil mit Direktverbindungen problemlos weiter.

Gut sind auch die **Busverbindungen vom Flughafen.** So fährt jede Stunde der „Airport Express" direkt in die Innenstadt von Antwerpen und umgekehrt. Die Fahrzeit beträgt rund 45 Minuten, Tickets (Erwachsene 10 €,

Kinder 5 €) gibt es direkt beim Fahrer. Die Busse verkehren von morgens um vier Uhr bis Mitternacht.

› www.airportexpress.be

AUTOFAHREN

Autofahrer sollten sich auf ein **Geschwindigkeitslimit** auf allen belgischen Autobahnen von 120 km/h einrichten. Auf zweispurigen Nationalstraßen gilt Tempo 90, in Ortschaften Tempo 50. Raser seien vor der streng kontrollierenden belgischen Polizei gewarnt, die mit Radargeräten überall präsent ist. Zudem sind die Strafen für Raser in Belgien deutlich höher als in anderen Ländern. Wichtig: **Bußgelder** müssen Touristen **an Ort und Stelle bar begleichen.** Wer das nicht kann, muss sein Auto erst einmal stehen lassen und sich das Geld besorgen. Im schlimmsten Fall wird das Auto beschlagnahmt!

Straßenbahnen und Busse haben immer Vorfahrt. Die **Alkoholgrenze** beträgt 0,5 ‰. Wer mehr Alkohol im Blut hat, ist seinen Führerschein erst einmal für ein paar Stunden los! Und natürlich sind auch in Belgien **Handytelefonate am Steuer** verboten.

Wegen des Mangels an Parkraum in den Innenstädten kennen Flanderns Behörden gegenüber Parksündern wenig Pardon. Da die **Parkgebühren** in den Innenstädten recht hoch sind, in der Regel mindestens 2 € pro Stunde, ist es oft sinnvoll, sein Fahrzeug außerhalb der City auf einem ausgeschilderten Park-and-ride-Platz zu parken und mit Bus oder Straßenbahn weiterzufahren.

Öffentliche Parkgaragen sind mit dem Schild „Parkeergarages" markiert. Sollte man entlang einer Straße einen Parkplatz gefunden haben, zieht man sein Parkticket *(Parkeerticket)* aus einer der Parkuhren *(Parkeermeter)* in der Nähe. (In den meisten Städten müssen Parkuhren inzwischen bis 22 Uhr bedient werden.) Vor Bordsteinen, die mit einer gelben Linie durchgehend gekennzeichnet sind, besteht generelles **Parkverbot.**

Mitnehmen müssen Autofahrer nach Belgien auch eine **Warnweste**, die nach einem Unfall oder einer Panne angelegt werden muss. Wer bei Kontrollen ohne Weste erwischt wird, muss mit sehr hohen Bußgeldern rechnen. **Pannennothilfe** bieten die beiden großen belgischen Organisationen Touring Wegenhulp oder der Vlaamse Automobilistenbond. Da

035fl Abb.: gs

◄ *Jetzt auch für Parker in Flandern: Zahlen per Mobiltelefon* beide Unternehmen aber nicht verpflichtet sind, Nichtmitgliedern zu helfen, empfiehlt es sich, vor Reiseantritt einen im Ausland gültigen **Schutzbrief** zu erwerben, der u. U. größere Ausgaben erspart.

- **Allgemeine Pannen-Notrufnummer:** 070 344777, mit Handy +32 (0) 70344777
- **ADAC:** Tel. +49 (0)89 222222
- **ÖAMTC:** Tel. +43 (0)1 2512000
- **Touring Club Schweiz:** Tel. +41 (0)22 4172220

Fast alle großen **Mietwagenfirmen** haben in den drei flandrischen Städten und auf dem Flughafen Brüssel-Zaventem Verleihstationen. Am besten bucht man sein Fahrzeug schon von zu Hause aus, entweder direkt beim Vermieter oder über einen der vielen Internetbroker, hier eine knappe Auswahl:

- www.billigermietwagen.de
- www.holidayautos.de

BARRIEREFREIES REISEN

Auf dem oft **holprigen Pflaster** in den historischen Stadtkernen ist das Rollstuhlfahren nicht immer einfach. Auch fehlt manchmal ein behindertengerechter Zugang zu Hotels und Museen. Allerdings werden überall große Anstrengungen unternommen, diese Defizite abzubauen. So sind die meisten **großen Museen inzwischen barrierefrei**, außerdem wurden auf öffentlichen Parkplätzen spezielle Plätze für Behinderte ausgewiesen. Auch die öffentlichen Busse sind großteils behindertengerecht ausgestattet, zumindest alle neuen Fahrzeuge.

Für **allgemeine Auskünfte** über behindertengerechtes Reisen (Hotel, Museen, Freizeitmöglichkeiten) steht die Organisation „Toegankelijk Reizen" zur Verfügung, ein Service von Tourismus Flandern, der aus der Zusammenarbeit verschiedener Organisationen hervorgegangen ist. Auf der Website der Organisation finden sich viele Tipps, die Blinden und Behinderten das Reisen erleichtern.

- **Toegankelijk Reizen,** Grasmarkt 61, 1000 Brüssel, www.toegankelijkreizen.be, Tel. +32 (0)70 233050 (Mo.–Fr. 10–16 Uhr)

DIPLOMATISCHE VERTRETUNGEN

- **Botschaft der Bundesrepublik Deutschland,** Rue Jacques de Lalaingstraat 8–14, 1040 Brüssel, Tel. +32 (0)2 7871800, Bereitschaft für Notfälle: Tel. 0475 577762, www.bruessel.diplo.de, Mo.–Fr. 9–12, Mi. auch 14.30–16 Uhr
- **Österreichische Botschaft,** Place du Champ de Mars 5, 1050 Brüssel, www.bmeia.gv.at, Tel. +32 (0)2 2890700, Bereitschaft für Notfälle: 0486 288104, Mo.–Fr. 10–12.30 Uhr
- **Schweizer Botschaft,** Rue de la Loi 26, 1040 Brüssel, Tel. +32 (0)2 2854350, www.eda.admin.ch/bruxelles, Mo.–Fr. 9–12 Uhr

ELEKTRIZITÄT

In Belgien beträgt die Stromspannung in der Regel 220 Volt Wechselstrom bei einer Frequenz von 50 Hz, ist also mit jener in D, A und CH identisch. Für mitgebrachte Geräte wie Föhn oder Laptop dürften die genormten Europa-Steckdosen kein Problem sein.

GELDFRAGEN

Belgien ist **Teil der Euro-Zone**, sodass ein Devisentausch für Deutsche und Österreicher nicht erforderlich ist. Der Wechselkurs des Schweizer Franken zum Euro schwankt (Stand April 2011: 1 CHF = 0,77 €, 1 € = 1,30 CHF).

Die **Mehrwertsteuer** beträgt 21 % und heißt auf Niederländisch „Belasting over de Toegevoegde Waarde", kurz BTW. Für Nahrungsmittel, Zeitungen, Bücher und ein paar Waren oder Dienstleistungen, die als Grundbedürfnisse angesehen werden, gilt ein ermäßigter Mehrwertsteuersatz von 6 %. Da Geschäfte, Restaurants und Hotels, Museen und große Veranstalter in der Regel alle gängigen **Kreditkarten** akzeptieren, braucht man in seiner Reisekasse eigentlich nur Taschengeld. Bei Zahlung mit einer Kreditkarte muss man aber unter Umständen seinen Ausweis vorlegen.

Wie anderswo auch sind in Belgien die **Preise** in den Stadtzentren oft höher als im Umland. Das gilt vor allem für Unterkunft und Verpflegung. So zahlt man auf dem Marktplatz in Brügge für ein Glas Bier deutlich mehr als in einer Kneipe am Stadtrand. Das Preisniveau selbst unterscheidet sich wenig vom deutschen. Etwas preiswerter sind meist die öffentlichen Verkehrsmittel, etwas teurer die Eintrittspreise. Mit einem Mittelklassehotel und zwei Mahlzeiten am Tag sollte man, ein paar Museumsbesuche mit eingerechnet, pro Person mit einem Tagessatz von 100 bis 140 € in allen drei Städten gut hinkommen.

INFORMATIONS-QUELLEN

INFOSTELLEN ZU HAUSE

- **Deutschland: Tourismus Flandern-Brüssel,** Cäcilienstraße 46, 50667 Köln, Tel. 0221 2709770, www.flandern.com

FLANDERN PREISWERT

- *Restaurantbesucher können* ***mittags meist billiger essen als abends.*** *Um ihre Betriebe besser auszulasten, bieten viele Gastronomen einen speziellen* ***Mittagslunch*** *an, ein meist dreigängiges Mahl, dessen Preis oft deutlich unter dem der abendlichen Menüs liegt.*
- ***Billige Bahnfahrten*** *in Belgien erlaubt die sogenannte* ***Benelux-Tourrail-Karte,*** *die zu einem Festpreis (149 €, unter 26 Jahre 99 €) die beliebige fünftägige Benutzung des Eisenbahnnetzes der drei Beneluxstaaten innerhalb eines Monats ermöglicht. Sie ist an allen belgischen Bahnhöfen erhältlich. Außerdem gibt es für Wochenendfahrten (Fr.–So.) 50 % Ermäßigung. Senioren über 65 Jahren erhalten ebenfalls Vorzugstickets und Kinder unter 6 Jahren reisen kostenlos, wenn sie keinen eigenen Sitzplatz belegen.*
- *In Brügge werden* ***im Winter oft preiswerte Hotelübernachtungen*** *angeboten. Das Angebot gilt gewöhnlich von November bis Anfang März bei Anreise am Sonntag, Montag oder Dienstag.*

- **Österreich: Tourismus Flandern-Brüssel,** Mariahilfer Str. 121b, 1060 Wien, Tel. 01 5960660, www.flandern.at
- **Schweiz:** Bitte nach Wien wenden.

INFOSTELLEN IN DEN STÄDTEN

160 [I E6] **Toerisme Antwerpen,** Grote Markt 13–15, 2000 **Antwerpen,** Tel. +32 (0)3 2320103, www.antwerpen.be, Mo.–Sa. 9–17.45 Uhr, So. 9–16.45 Uhr. Eine Zweigstelle der Touristeninformation, die zu den gleichen Zeiten geöffnet hat, findet sich am Antwerpener Hauptbahnhof 1.

161 [II C8] **Toerisme Brugge,** 't Zand 34 (Concertgebouw), 8000 **Brügge,** Tel. +32 (0)50 444646, www.brugge.be, tgl. 10–18 Uhr. Ein zweites Info-Büro findet sich am Bahnhof (Mo.–Fr. 10–17 Uhr, Sa.–So. 10–14 Uhr).

162 [III E5] **Toerisme Gent,** Botermarkt 17a (Belfried), 9000 **Gent,** Tel. +32 (0)9 2665660, www.visitgent.be, Mo.–Fr. 9.30 –18.30 Uhr (Nov.–März 9.30–16.30 Uhr). 2012 will man sein neues Büro am Sint-Veerleplein 5 gegenüber der Burg Gravensteen 34 beziehen.

- **Use-It,** www.use-it.be, Tel. +32 (0)9 3243906. Website der flandrischen Städte eigens für Jugendliche.

DIE STÄDTE IM INTERNET

- **www.antwerpen.be, www.brugge.be, www.gent.be:** Die offiziellen Seiten der Verkehrsämter der drei Städte verschaffen einen ersten Überblick über die touristischen Angebote.
- **www.rubensonline.be:** Unter dieser Internetadresse findet sich eine aktuelle Datenbank mit Informationen zu allen in Flandern befindlichen Rubens-Gemälden.
- **www.antiek.com:** lückenlose Auflistung der Trödel- und Antiquitätenläden in den belgischen Städten (englisch)

PUBLIKATIONEN UND MEDIEN

Die **wichtigsten Tageszeitungen** der Region sind die in Antwerpen erscheinende „Gazet van Antwerpen“. In Gent wird die Zeitung „De Gentenaar“

MEINE LITERATUR- UND FILMTIPPS

- *Georges Rodenbach,* ***Das tote Brügge,*** *Ditzingen 1986. Das Buch gilt als wichtiges Werk des literarischen Symbolismus und begründete den touristischen Ruf der Stadt.*
- *Klaus Schroer,* ***Das Rätsel des Lammes. Der Genter Altar und sein Geheimnis,*** *Münster 2007. Neueste Theorie zu Jan van Eycks Genter Altar: Das Ensemble wird als Motivation für die Kreuzritter gedeutet.*
- *Marie Christen,* ***Beginenfeuer,*** *München 2005. Leicht zu lesendes Porträt der Brüsseler Beginengemeinschaft.*
- *Rob Kieffer,* ***Büßer, Bürokraten und Bierologen. Belgische Eskapaden,*** *Wien 2000. Schöne Beobachtungen des flandrischen Alltags.*
- *Posie Graeme-Evans,* ***Die Heilerin von Brügge,*** *München 2008. Fesslender historischer Liebesroman aus dem mittelalterlichen Brügge.*
- ***Brügge sehen ... und sterben?*** *Spannender Spielfilm von 2008 mit Colin Farrell in der Hauptrolle und mit Brügge als einzigartiger Kulisse. Schwarzer Humor vom Feinsten!*

geschätzt. Beide Blätter sind konservativ und unterhalten eigene Onlineausgaben. Eher linke Positionen vertritt „De Morgen“. Meistgelesenes Blatt in Flandern ist die in Brüssel erscheinende „Het Laatse Nieuws“, die täglich mehr als eine Million Leser hat.

Deutschsprachige Zeitungen und aktuelle Publikationen liegen gewöhnlich auch in den Stadtbibliotheken aus. Dort finden sich zum Teil auch Internetanschlüsse:

- **Stadtbibliothek Permeke – Antwerpen,** De Conickplein 26, Mo.–Do. 10–20, Fr./Sa. 10–17, So. 10–14 Uhr
- **Stadtbibliothek Brügge,** Kuiperstraat 3, Mo.–Fr. 9.30–19, Sa. 9.30–17 Uhr
- **Stadtbibliothek Gent,** Graaf van Vlaanderenplein 40, Mo.–Do. 10–19, Fr. 10–17, Sa. 10–17 Uhr

Eine **Übersicht über die wichtigsten Veranstaltungen** in den Städten geben unter anderem in Brügge das kostenlose „Brugge Cultuurmagazine“. In Gent empfiehlt sich ein Blick in die Tageszeitung „De Gentenaar“ (www.nieuwsblad.be). In Antwerpen sollte man die Beilagen der „Gazet von Antwerpen“ (www.gva.be) durchforsten, die immer gute Vorschläge zu Freizeitaktivitäten wie Radwanderungen oder Stadtspaziergänge enthalten.

► *Mittagspause in Brügge mit Spaghetti*

INTERNETCAFÉS

@163 [I E6] **2 zones,** Wolstraat 15, **Antwerpen,** Tel. 03 2322400, www.2zones.com, Mo.–Fr. 11.30–24 Uhr, Sa. u. So. 11.30–1 Uhr

@164 [II F6] **Bauhaus,** Langstraat 133–137, **Brügge,** Tel. 050 341093, tgl. 7–23 Uhr, minutengenaue Abrechnung

@165 [III E7] **The Globetrotter,** Kortrijksepoortstraat 180, **Gent,** Tel. 09 2690860, Mo.–Sa. 11–22, So. 15–22 Uhr

MEDIZINISCHE VERSORGUNG

Das belgische Gesundheitssystem ist effizient und gut organisiert. In allen drei Städten finden sich Kliniken und Hospitäler. In dringenden Fällen helfen auf alle Fälle die **Unfallstationen** *(Spoedgevallen)* der Krankenhäuser, die meist mit einem roten Kreuz und dem Namen der Klinik ausgeschildert sind.

Auch wenn es seit Kurzem für gesetzlich Krankenversicherte eine **Europäische Krankenversicherungskarte** (EHIC) gibt, die eine medizinische Grundversorgung im europäischen Ausland garantiert, ist es noch immer ratsam, eine eigene **Auslandsreisekrankenversicherung** abzuschließen, die die Kosten einer Privatbehandlung und im Ernstfall den Rücktransport übernimmt.

Ausgewählte Krankenhäuser:

166 **A. Z. St. Augustinus,** Oosterveldlaan 24, **Antwerpen,** Tel. 03 4433900

167 **A. Z. Sint-Jan,** A. Ruddershove 10, **Brügge,** Tel. 050 452111

168 [III E12] **Universitätsklinik Gent,** De Pintelaan 185, **Gent,** Tel. 09 3322111

Der **ärztliche Bereitschaftsdienst** ist unter diesen Nummern zu erreichen:

- **Antwerpen:** Tel. 032 861186
- **Brügge:** Tel. 050 452111
- **Gent:** Tel. 09 2365000
- **Zahnärzte Antwerpen:** Tel. 034 480220

Die unter der Bezeichnung *Apotheek* geführten **Apotheken**, gewöhnlich an einem grünen Neonkreuz zu erkennen, sind in der Regel wie alle Einzelhandelsgeschäfte zwischen 9 und 12 und 14 bis 18 Uhr geöffnet. Wie in Deutschland auch hängt abends und an Wochenenden an jeder Apotheke eine Liste mit dem Apothekennotdienst *(wacht)* aus. Über die nächstgelegene, nachts geöffnete Apotheke informiert die landesweite Nummer 0900 10500 (tgl. 22–9 Uhr) oder die Website www.apotheek.be.

036fl Abb.: gs

MIT KINDERN UNTERWEGS

Auch in Flandern hat man sich darauf eingestellt, dass zunehmend Kinder mit ihren Eltern auf Reisen sind. Das ein oder andere Museum bietet eigene Führungen oder spezielle Veranstaltungen für Kinder an, über die die Websites der Kulturorganisationen informieren. So offeriert beispielsweise das S.M.A.K. in Gent (s. S. 40) oder das Rubenshaus 5 in Antwerpen für Kinder eigene Führungen auch in deutscher Sprache. Im STAM (s. S. 41) kann mit Legosteinen an einem eigenen Gent gebaut werden. Weitere Empfehlungen:

- **169** [I H7] **Aquatopia,** Koningin Astridplein 7, **Antwerpen,** Tel. 03 2050740, www.aquatopia.be, tgl. 10–18 Uhr (Einlass bis 17 Uhr), Eintritt: 13,95 €, Kinder bis 12 Jahre und Senioren über 60 Jahre 9,50 €. Einmalige Unterwasserwelten in Bahnhofsnähe, mehr als zehntausend Fische und Meerestiere in natürlicher Umgebung sind hier zu bestaunen. Schon die Website macht neugierig!
- **170 Boudewijn Seapark,** A. De Baeckestraat, 128200 Sint-Michiels, Tel. 050 408408, www.boudewijnseapark.be, April–Sept. 10–17 Uhr (Juli und Aug. bis 18 Uhr), Eintritt: 23,50 €, Kinder bis 12 Jahre 19,50 €. Der Vergnügungspark für Alt und Jung vor den Toren der Stadt **Brügge** (Bus Nr. 7 oder 17 ab Haltestelle 't Zand 16) wartet mit einem großen Delfinarium auf. Tägliche Vorstellungen mit Seelöwen, Seehunden, Delfinen und Greifvögeln garantieren Spaß für die ganze Familie.
- **171** [III F8] **„De Wereld van Kina“,** Sint-Pietersplein 14, **Gent,** Tel. 09 2447373, www.dewereldvankina.be, Mo.–Fr.

9–17, So. 14–17.30 Uhr, Eintritt: 2,50 €, Kinder bis 12 Jahre Eintritt frei. Viele Hundert Replikate, Modelle und Artefakte illustrieren in Kindern angemessener Darstellungsform die Entwicklung des Menschen, führen ein in die Welt der Tiere. Am anderen Stadtende (Berouw 55) unterhält das Museum eine eigene Pflanzenabteilung mit Flanderns ältestem Naturlehrgarten (Ticket ist für beides gültig).

•172 [II C4] **Speeldorp (Spieldorf),** Diksmuidestraat 5, **Brügge,** Tel. 050 348427, www.speeldorp.be, Mi., Sa., So. und in den Ferien tgl. 13–18 Uhr, Eintritt: 5 € (Erwachsene kostenlos). Unter einem festen Dach steht Spielzeug jeder Art bereit, locken Hindernisbahnen und andere Attraktionen.

❷ [I I7] **Zoo Antwerpen.** Einer der ältesten und bekanntesten europäischen Tiergärten lässt nie Langeweile aufkommen. Zahlreiche Tiere erwarten Groß und Klein!

NOTFÄLLE

NOTRUFNUMMERN

Natürlich kann man auch in Belgien Feuerwehr, Polizei und Sanitäter unter der europaweit einheitlichen **112** erreichen, aber auch die alten Nummern haben noch ihre Gültigkeit:

- **Feuerwehr und medizinischer Notdienst:** Tel. 100
- **Polizei:** Tel. 101
- **Gift-Notruf-Zentrale:** Tel. (0)2 3454545

KARTENVERLUST

Bei **Verlust** von deutschen **Maestro-, Kredit- und SIM-Karten** gilt überwiegend die einheitliche **Sperrnummer 0049 116116**, im Ausland zusätzlich die Nummer 0049 3040504050. Details finden sich im Internet unter www.sperr-notruf.de. Es empfiehlt sich, vor der Reise (von einem erhaltenen Merkblatt bzw. der Kartenrückseite) die individuelle Karten-Sperrnummer zu notieren.

Da es für **österreichische und Schweizer Karten** keine zentrale Sperrnummer gibt, sollten sich deren Inhaber nach einer aktuell gültigen Notrufnummer ihres jeweiligen Kartenanbieters erkundigen.

ÖFFNUNGSZEITEN

- **Geschäfte:** Mo.–Sa. 10–18 Uhr (Kernzeit)
- **Banken:** Mo.–Fr. 9–15.30 Uhr
- **Museen:** tgl. 10–17 Uhr (Kernzeit), viele sind allerdings montags oder dienstags geschlossen.

POST

Das **Porto** für Postkarten und Briefe bis 50 Gramm ins Ausland kostet für Standardformate mindestens 0,93 €, je nachdem, wo man seine Wertmarken kauft. Diese sind deshalb nicht mit Beträgen ausgezeichnet, sondern mit Nummern von Eins bis Drei. Briefmarken gibt es in Tabakläden, an Kiosken und auf Postämtern.

✉173 [I H8] **Hauptpost Antwerpen,** Pelikaanstraat 16

✉174 [II D7] **Hauptpost Brügge,** Markt 5

✉175 [III E6] **Hauptpost Gent,** Lange Kruisstraat 55, Öffnungszeiten aller drei Ämter: Mo.–Fr. 9–18, Sa. 9–12.30 Uhr

► *Mit dem Rad kommt man immer rasch voran – besonders zu zweit*

037fl Abb.: gs

RADFAHREN

Flandern ist **ein Paradies für Radfahrer.** Da es so gut wie keine großen Steigungen gibt, ist der Drahtesel eines der wichtigsten Verkehrsmittel der Region. Auch in vielen Zügen können Fahrräder problemlos mitgenommen werden.

Viele **Fahrradverleiher** haben sich auf Touristen eingestellt. Inzwischen werden auch Tandem-Räder angeboten. Auch die staatlichen Belgischen Eisenbahnen verleihen in Brügge und Gent preisgünstig Fahrräder (Mo.–Fr. 7.30–19 Uhr, Sa./So. 9–21 Uhr). Pro Tag sollte man mit Mietkosten von ca. 10 € rechnen. Einige **Mietstationen** in Antwerpen, Brügge und Gent:

- •176 [I D6] **De Windroos,** Steenplein 1, **Antwerpen,** Tel. 03 4809388
- •177 [I D7] **De Ligfiets,** Steenhouwersvest 25, **Antwerpen,** Tel. 03 2937456
- •178 [II C9] **Bahnhof Centraal,** Stationsplein, **Brügge,** Tel. 050 302329
- •179 [II F6] **Bauhaus Bike Rental,** Langestraat 145, **Brügge,** Tel. 050 341093
- •180 [III C9] **Bahnhof St. Pieters,** Koningin Maria-Hendrikkaplein, **Gent,** Tel. 09 2412224
- •181 [III F4] **Biker,** Steendam 16, **Gent,** Tel. 09 2242903
- › **Infos im Internet:** www.radflandern.com
- › **Literaturtipp:** Bikeline Radatlas Flandern-Route, Verlag Esterbauer 2007

STADTTOUREN, ORGANISIERTE

Alle drei Städte bieten neben klassischen Stadtrundgängen Dutzende von Spezialführungen an, auch in deutscher Sprache. Während die allgemeinen Stadtrundgänge im Sommer oft ohne große Voranmeldung möglich sind, sollte man sich zu den **Themenführungen** mindestens drei Wochen vorher anmelden. Außerdem empfiehlt es sich, vorab zu klären, in welcher Sprache die Führung erfolgen kann.

In Antwerpen gibt es einen eigenen kleinen **Katalog mit Themenwanderungen,** der bei der Stadtführerzentrale erhältlich ist. Eine zweistündige Stadtführung auch in deutscher Sprache bietet Antwerpen jedes Wochenende um 14.30 Uhr an, im Juli und August sogar täglich (Treffpunkt: Tourismus Antwerpen, Grote Markt 13–15, s. S. 97, 8 €, im Vorverkauf 6 €).

In Brügge organisiert Toerisme Brugge (s. S. 97) eine Kneipentour, Weltkulturerbewanderungen, einen Spaziergang zu den flämischen Meistern oder ins hanseatische Brügge. Andere Touren führen an den Grachten entlang, zu Kirchen und Kapellen, alten Stiftshäusern oder lassen Sagen und Legenden aufleben. Außerdem gibt es im Juli und August täglich eine zweistündige Stadtführung, die um 14.30 am Tourismusbüro ('t Zand 34, s. S. 97) startet. Den Rest des Jahres werden jedes Wochenende ebenfalls Führungen angeboten.

Groß ist auch das Angebot **in Gent,** dort kümmern sich gleich mehrere Anbieter um die Besucher. Klassische und kulturelle Touren organisiert der **Gidsenbond Gent,** der offizielle Stadtführerverband. Von Mai bis Oktober führt er Besucher bei Bedarf täglich durch die Stadt. Ausgefallenere Angebote gibt es bei **Vizit.** Dort ist u. a. eine kulinarische Tour durch Gent zu buchen.

EXTRATIPP

Genießertouren

Der Lust am Genießen kommen inzwischen auch die Touristiker entgegen. So organisiert Tourismus Antwerpen (s. S. 97) einen Bummel durch die schönsten und originellsten Kneipen, zu barocken Sehenswürdigkeiten oder architektonischen Raritäten. Ebenfalls in Antwerpen gibt es eine Innenstadttour, bei der typische Getränke und Leckereien vorgestellt werden, etwa die *Antwerpse Handjes,* Butterkekse in Form einer Hand, oder das *Bolleke,* ein in runden Gläsern serviertes heimisches Bier.

In Brügge kann man in organisierten Touren durch die besten Schokoladengeschäfte streifen. In Gent kann man an einer Tour durch die schönsten Bierlokale teilnehmen und es gibt im Rahmen einer Führung gar ein regionales Menü, dessen vier Gänge in vier verschiedenen Restaurants eingenommen werden. Genauere Informationen hierzu halten die Touristeninformationen beider Städte bereit.

ⓘ192 [III D8] **Gidsenbond Gent – Königlicher Fremdenführerverband von Gent und Ostflandern,** Bijlokekaai 2, **Gent,** Tel. +32 (0)9 2330772, www.gidsenbond-gent.be

ⓘ193 [III E4] **Vizit,** Corduwanierstraat 4a, **Gent,** Tel. +32 (0)9 2337689, Mo.–Fr. 10–13 und 14–17, Sa. 10–18 Uhr, www.vizit.be

► *Nicht nur in Brügge finden regelmäßig Stadtrundfahrten statt*

038fl Abb.: gs

ORGANISIERTE STADTRUNDFAHRTEN

- **Antwerp Diamond Bus,** Tel. +32 (0)9 8517264, tgl. von April bis Oktober, stündlich 10.30–16.30 Uhr ab Centraal Station 1, im Winter nur Sa. und So., 11 €. Rundfahrt ab Hauptbahnhof zu den wichtigsten Sehenswürdigkeiten mit sechs Haltestellen, an denen man jederzeit ein- und aussteigen kann.
- **Sightseeing Antwerpen,** Tel. +32 (0)3 4809388, www.touristram.be, April–Sept. tgl. 11–17, Okt. 12–16 Uhr, sonst meist nur am Wochenende. 40-minütige Rundfahrt vom Groenplaats 6 in tramähnlichen Minibussen.
- **Antwerpen mit dem Pferdewagen,** April–Okt., ab Grote Markt 9, 5 €
- **Brügge mit der Kutsche,** www.hippo.be, Abfahrt am Markt 17, Preis pro Kutsche 36 € (maximal 5 Personen), im Juli und August auch Nachtfahrten
- **City Tour Brugge,** Sightseeing Line, Kanunnik Decoeneplein 6, 8310 Brügge, Tel.+32 (0)50 355024, www.citytour.be, ab 10 Uhr (letzte Fahrt im Sommer 20 Uhr), 14,50 €, Kinder 8,50 €. Tägliche, knapp einstündige Rundfahrten vom Marktplatz 17 in Minibussen.
- **Gent mit der Kutsche,** Sa. und So. 10–18 Uhr, Abfahrt am Sint-Baafsplein 28, Preis pro Kutsche 25 € (maximal 5 Pers.)

UNGEWÖHNLICHE STADTTOUREN

- **Mit dem Ballon über Brügge,** Mobiltel. 0475 972887, www.bruges-ballooning.com. Morgen- und Abendflüge über die Stadt (nur bei gutem Wetter) für den Preis von 160 € pro Person.
- **Mit dem Rad durch Brügge:** Geführte Touren für Gruppen werden von März bis Ende Oktober täglich angeboten. Die Rundfahrten dauern zweieinhalb Stunden und starten um 10 am Burgplatz. Im Juli und August gibt es um 19.30 Uhr auch eine Abendtour. Preis: 24 € (Fahrradmiete und Pausengetränke inbegriffen), Veranstalter: Quasi Mundo Bike Tours, Nieuwe Gentweg 5, Tel. +32(0)50 330775, www.quasimundo.eu.

- **Unterwegs mit dem Ausrufer (Gent):** Wer Märkte mag, der sollte sonntagmorgens mit dem sogenannten Genter Ausrufer über die größeren und kleineren Märkte der Stadt ziehen. Die Tour ist kostenlos und findet von Mai bis September statt – leider nur auf Niederländisch. Abfahrt auf dem Kouter 38: 11 Uhr. Veranstalter: Orde van de Belleman, Koekoeklaan 56, Gent, Tel. 09 2226743, www.towncriers.be
- **Mit dem Segway durch Brügge:** Individuell geführte Touren mit dem Segway durch die Stadt führen nicht nur zu Museen und Sehenswürdigkeiten, sondern auch in Brauereien oder zum Abendessen. Veranstalter: Moment-Discover your way, Sint-Jakobsstraat 44, Tel. 050 688770, www.momentinbruges.be, ab 30 € p.P.
- **Brügge mit der Vespa:** Begleitete Halb- oder Ganztagsrundfahrten in die Umgebung ab 65 € p. P. Veranstalter: Vespa Tours Brugge, Tel. 0497648648, www.vespatours-brugge.be.

TELEFONIEREN

In Flandern bzw. Belgien finden sich praktisch kaum noch öffentliche Telefonzellen – und erst recht nicht solche, die noch mit Münzgeld funktionieren. Stattdessen sollte man sich eine sogenannte **Telecard** besorgen, eine Telefonwertkarte, die es in Postämtern, Zeitungskiosken, Bahnhofsschaltern oder sogenannten Belgacom-Shops gibt. Die Telecards sind zu Preisen zwischen 5 und 20 € erhältlich.

Mobiltelefone funktionieren selbstverständlich in allen drei Städten. Da jeder Netzbetreiber für seine Kunden in Belgien mehrere Partner hat, sollten preisbewusste Reisende auf den Roaming-Partner achten. Beim ersten Einloggen sucht sich das Handy nämlich den Roaming-Kanal mit dem stärksten Signal, wobei es sich aber nicht um den kostengünstigsten handeln muss. Wenn man will, kann man vor Ort in Flandern auch ein Handy *(mobieltje)* samt SIM-Karte erwerben, das Ferngespräche für Viel-Telefonierer unter Umständen preiswerter macht.

Bei Ortsgesprächen muss man wie gewohnt die Null der Ortsnetzkennzahl immer mitwählen. Bei Gesprächen aus dem Ausland entfällt die allerdings.

Vorwahlen:

- Bei **Auslandsgesprächen** ist folgende Kombination zu wählen: für Deutschland 0049, für Österreich 0043, für die Schweiz 0041 + Ortsvorwahl ohne Null + Rufnummer
- Für **Telefonate aus D, A und CH** gilt: Vorwahl Belgien 0032 + Ortsvorwahl ohne Null + Rufnummer
- **Ortsvorwahlen:** Antwerpen (0)3, Brügge (0)50, Gent (0)9
- **Auskunft:** für Inland Tel. 1407, für Ausland Tel. 1404

UHRZEIT

In Belgien gilt wie in Deutschland, Österreich und der Schweiz die mitteleuropäische Zeit (MEZ), von Ende März bis Ende Oktober die Sommerzeit (MESZ). Das bedeutet, dass bei Reisen nach Flandern die Uhr nicht umgestellt werden muss.

EXTRATIPP

Die Touristeninformationen aller drei Städte (s. S. 97) geben jährlich ein **Hotelverzeichnis** heraus, das die Qual der Wahl bei der Suche nach einer passenden Unterkunft erleichtert.

UNTERKUNFT

ALLGEMEINES

Unterkünfte gibt es in allen drei Städten genügend, sie können **jedoch im Sommer oder an Kongress- bzw. Veranstaltungstagen knapp werden.** Das gilt vor allem für Brügge in der Hochsaison. Auffällig ist der Zuwachs anspruchsvoller Hotels. Und auch immer mehr kleine Boutique-Hotels mit meist nur wenigen Zimmern bereichern das Übernachtungsangebot.

Während in Brügge vor allem an den Wochenenden die Hotels oft teurer als unter der Woche sind, ist es in Antwerpen manchmal umgekehrt. Das liegt daran, dass die Businesshotels in Antwerpen von Freitag bis Sonntag ihre Zimmer gern mit Wochenendurlaubern auslasten. In Brügge verlangen manche Hotels zu sommerlichen Spitzenzeiten mindestens zwei Übernachtungen. Umgekehrt wird dem Gast im Winter bei drei Übernachtungen in einigen Hotels hin und wieder eine Nacht geschenkt.

Die belgischen Hotels sind von den Tourismusbehörden **durch Sterne klassifiziert.** In der Regel findet sich am Hoteleingang ein blaues Schild mit Sternen, das Aufschluss über die Qualifizierung gibt. Die Sterne sagen aber wenig über die **Preisgestaltung** aus. So kann am Wochenende ein 3-Sterne-Hotel teurer als ein 5-Sterne-Palast sein, der werktags Geschäftsreisende beherbergt.

Hinzu kommt, dass die Sterne nur die Grundausstattung bewerten. Ein 24-Stunden-Service an der Rezeption oder ein Schwimmbad fällt dabei stärker ins Gewicht als die individuelle Ausstattung der Zimmer oder gar der Service. So kann es sein, dass man sich in einem familiär geführten 3-Sterne-Hotel wohler fühlt als in einem höher bewerteten Haus. Deshalb ist es ratsam, hin und wieder auch in einem Hotelbewertungsportal im Internet nachzuschauen, wo Reisende ihre individuellen Erfahrungen weitergeben.

UNTERKÜNFTE IN ANTWERPEN

194 [I I8] **ETAP Hotel Antwerpen City** €, Lange Kievistraat 145, Antwerpen, Tel 03 2055020, www.etaphotel.com. Sehr preisgünstiges Hotel in Zentrumsnähe. 24-Stunden-Rezeption und Frühstücksbuffet.

195 [I G5] **Express by Holiday Inn Antwerp City-North** €€, Italielei 2a, Antwerpen, www.hiexpress.com, Tel. 03 2214949. Gleich neben dem Jachthafen liegt das bei Busreisenden beliebte 140-Betten-Hotel, das Bar und Restaurant, WLAN und Hotelgarage bietet. Unbedingt ein Zimmer mit Hafensicht verlangen!

196 [I I8] **Lindner Hotel & City Lounge Antwerpen** €€, Lange Kievitstraat 125, Antwerpen, Tel. 03 2277700, www.lindner.de. Neues Hotel im Diamantenviertel. 173 behindertengerechte Zimmer. Gutes Preis-Leistungs-Verhältnis!

197 [I I7] **Park Inn Antwerpen** €€, Koningin Astridplein 14, Antwerpen, Tel. 03 2023170, www.rezidorparkinn.com. Beliebtes Hotel in Bahnhofsnähe mit kostenlosem WLAN. 59 Räume in zeitgenössischem Design, Suiten mit Terrasse.

PREISKATEGORIEN

Preis für ein DZ ohne Frühstück:

€	bis 70 €
€€	ab 70 €
€€€	ab 110 €
€€€€	ab 150 €

198 [I I7] **Radisson Blu Astrid Hotel** €€-€€€, Koningin Astridplein 7, Tel. 03 2031273, www.radissonblu.com/astridhotel-antwerpen. Neues Luxushotel mit 247 Zimmern gegenüber dem Hauptbahnhof. Ein Schwimmbad, Sauna und 24 Stunden zugängliche Fitnessräume werden den Gästen ebenso geboten wie kostenloser WLAN-Zugriff und ein großes Frühstücksbuffet.

199 [I F12] **Ramada Plaza** €€, Desguinlei 94, 2018 Antwerpen, Tel. 03 2448211, www.ramadaplaza-antwerp.com. Sehr gut geführtes Businesshotel am Stadtrand, es besteht ein Straßenbahnanschluss in die Innenstadt. Geschmackvoll eingerichtete, große Zimmer. Am Wochenende oft Sonderangebote.

200 [I D10] **Rubenshof** €, Amerikalei 115–117, Antwerpen, Tel. 03 2370789, www.rubenshof.be. Das persönlich geführte und zentral gelegene 1-Sterne-Familienhotel verfügt über 22 einfache, aber saubere Zimmer. Das Haus diente einst als Kardinalsresidenz.

201 [I M9] **Scandic Antwerpen** €-€€, Lt Lippenslaan 66, Antwerpen, Tel. 03 2359191, www.scandichotels.com. Gepflegtes Hotel am Stadtrand mit Schwimmbad und Sauna. Gutes Preis-Leistungs-Verhältnis!

UNTERKÜNFTE IN BRÜGGE

202 [II C6] **Asinello** €€-€€€, Ezelstraat 59 a, Tel. 050 345274, www.asinello.com. Viel gelobtes, modern eingerichtetes Bed and Breakfast im Stadtzentrum mit großem Frühstücksbuffet.

203 [II F6] **Bauhaus International Youth Hotel** €, Langestraat 133–137, Brügge, Tel. 050 341093, www.bauhaus.be. Tag und Nacht geöffnetes Jugendherbergshaus. Fahrradverleih, Café und Restaurant im Haus. Preis pro Bett ab 14 € im Achter-Zimmer, Frühstück im Zimmerpreis enthalten.

204 [II E7] **Die Swaene** €€€€, Steenhouwersdijk 1, Brügge, Tel. 050 342798, www.dieswaene.com. Klassisches Luxushotel im Stadtzentrum. Perfekter Service und Ausstattung, beheiztes Schwimmbad, auf Wunsch kostenlose Stadtführung (englisch).

205 [II E7] **Hotel Erasmus** €€-€€€, Wollestraat 35, Brügge, www.hotelerasmus.com, Tel. 050 335781. Privat geführtes, schön eingerichtetes 3-Sterne-Hotel mitten im Stadtzentrum, in dem Hunde erlaubt sind. Sehr persönlicher Service und gutes Restaurant mit riesiger Bierauswahl.

206 [II E8] **Hotel Ibis Brugge Centrum** €€, Katelijnstraat 65a, Brügge, Tel. 050 337575, www.ibishotel.com. 128 einfache Zimmer in einem mittelalterlichen Gebäude im Stadtzentrum. Snackservice rund um die Uhr, kostenpflichtiger Internetzugang und drei behindertengerecht ausgestattete Zimmer.

207 [II C7] **Kempinski Hotel Dukes' Palace** €€€€, Prinsenhof 8, Brügge, Tel. 050 447888, www.kempinski.com/brugge. Ein ehemaliger Adelspalast in der Altstadt ist Brügges Vorzeigehotel. Feinste Eleganz und Service! Für alle, die sich etwas Besonderes gönnen wollen.

208 [II D7] **Martin's Brugge** €€, Oude Burg 5, Brügge, Tel. 050 445111, www.martinshotels.com. Gemütliches, modernes Hotel im Stadtzentrum mit 172 Zimmern.

UNTERKÜNFTE IN GENT

209 [III E5] **Chambreplus** €€, Hoogpoort 31, Gent, www.chambreplus.be, Tel. 09 2253775. Individuell eingerichtete Zimmer, zum Teil mit Jacuzzi und Sicht auf den Sternenhimmel, machen dieses exklusive Bed and Breakfast zum Erlebnis.

210 [III B4] **Ecohostel Andromeda** €, Bargiekaai, Gent, Tel. 486678033, www.ecohostel.be. Eine Mischung aus Hotel

und Bed and Breakfast auf einem Schiff. Sehr ökologisch konzipiert mit Pflanzen auf dem Bootsdach! Ab 400 € kann man das ganze Schiff mit seinen 18 Schlafplätzen mieten.

211 [III D5] **Gent Marriott Hotel** €€€, Drabstraat, Gent, Tel. 09 2339393, www.marriott.com. Modernes Interieur hinter alten Mauern, direkt am Fluss und zentral gelegen. 139 Zimmer, häufig Sonderangebote!

212 [III F4] **Hostel 47** €, Blekerijstraat 47, Gent, Tel. 478712827, www.hostel47.com. Verschiedene Zimmer für 2 bis 9 Personen, zum Teil mit Doppelbetten. Schöner Garten und kostenloser Internetzugang!

213 [III E4] **Hotel Harmony** €€€€, Kraanlei 37, Gent, www.hotel-harmony.be, Tel. 09 3242680. 4-Sterne-Hotel im Szeneviertel Patershol. Schöne, individuell eingerichtete Zimmer mit WLAN, z. T. auch große Studios.

214 [III E5] **Hotel Ibis Gent Centrum St. Baafs Kathedraal** €€, Limburgstraat 2, Gent, www.ibishotel.com, Tel.09 2330000. Unweit der Kathedrale gelegenes 120-Zimmer-Budget-Hotel. WLAN-Hotspot und rund um die Uhr geöffnete Bar, Frühstück von 4–12 Uhr!

215 [III E5] **NH Gent Belfort** €€-€€€, Hoogpoort 63, Gent, Tel. 09 2333331, www.nh-hotels.com. Zentral gelegenes 170-Betten-Hotel mit großen Zimmern. Bar und Brasserie, Fitnessraum und Sauna im Haus.

CAMPING

Campingplätze sind gewöhnlich durch Sterne klassifiziert. Wildes Campen ist verboten!

216 [I D3] **Camping De Molen,** Thonetlaan, 2050 **Antwerpen,** Tel. 03 2377406. Einfacher, aber sehr schön gelegener Platz am linken Schelde-Ufer. April bis September geöffnet.

217 **Camping Memling,** Veltemweg 109, 8310 **Brügge** (Sint-Kruis), Tel. 050 355845. Schöner Stellplatz im Viertel Sint-Kruis östlich der City.

218 **Camping Blaarmeersen,** Zuiderlaan 12, 9000 **Gent,** Tel. 09 2668160. 5-Sterne-Campingplatz im Sport- und Freizeitpark Blaarmeersen, 206 Stellplätze und 35 Plätze für Campingmobile.

VERHALTENSTIPPS

- Vorbei sind die Zeiten, als Belgiens liberales Drogengesetz den Konsum von Cannabis erlaubte. Heute ist der **Marihuanagenuss** ebenso wie der Handel mit anderen weichen und harten Drogen **verboten.**
- In Belgien gilt an allen öffentlichen Orten wie Bahnhöfen oder Flughäfen ein **Rauchverbot.** Auch in Restaurants ist das Rauchen nicht erlaubt. Ab 1.Juli 2011 wird dieses noch einmal verschärft. Dann gelten auch die bisherigen Ausnahmegenehmigungen für Cafés, Diskotheken oder Casinos nicht mehr. Rauchen ist dann nur noch in separaten, ausgewiesenen Räumen erlaubt.
- Belgiens Kellnerinnen und Kellner sind es gewohnt, an jeden Tisch **nur eine Rechnung** zu bringen. Daher sollte einer aus der Runde die gesamte Rechnung übernehmen, anschließend kann man sie untereinander aufschlüsseln.
- Taxifahrer erwarten kein großes **Trinkgeld,** freuen sich aber, wenn man den Endpreis auf einen vollen Betrag aufrundet. In Restaurants und Bars ist in der Regel bereits ein Bedienungszuschlag im Preis inbegriffen. Trotzdem kann man, wenn man mit dem Service besonders zufrieden war, noch einmal rund 10 % dazugeben. Auch Dienstboten, Zimmermädchen und Toilettenpersonal freuen sich, wenn man ihre Arbeit mit einem Trinkgeld würdigt.

VERKEHRSMITTEL

Alle drei Metropolen sind durch Busse und Bahnen bestens erschlossen, sodass man tagsüber nie lange auf eine Verbindung warten muss. **Zentrale Umschlagplätze** für den öffentlichen Nahverkehr sind in Antwerpen der Bahnhof 1 und der Groenplaats 6, in Brügge ebenfalls der Bahnhof [II C9] und der Markt 17, in Gent der Korenmarkt 37.

Der öffentliche Nahverkehr wird von der **Gesellschaft De Lijn** in allen drei Städten betrieben, einem 1991 entstandenen Verkehrsverbund. Knapp 500 Millionen Reisende befördert er jährlich in seinen Straßenbahnen und Bussen. Fahrplanauskunft und Routenplaner finden sich auf der (inzwischen auch deutschsprachigen) Website der Gesellschaft:

- www.delijn.be
- **Telefonische Auskunft** für alle Nahverkehrsfragen bezüglich Busse und Straßenbahnen: Tel. 070220200 (Mo.–Fr. 7–19, Sa.–So. 10–18 Uhr)

BUS UND STRASSENBAHN

Gent und Antwerpen verfügen über ein **dichtes Bus- und Straßenbahnnetz.** Antwerpen hat als einzige Stadt **eine Art Metro,** genauer betrachtet eine zum Teil unterirdisch verkehrende Straßenbahn. In Brügge pendelt eine Stadtlinie täglich zwischen den wichtigsten Punkten der Innenstadt. Die Zielorte und Nummern der Verbindungen sind auf der Frontseite der Busse und Bahnen angezeigt, die gewöhnlich zwischen 6 und 23 Uhr verkehren. Am Wochenende gibt es auch Nachtverbindungen.

Straßenbahn- und Busfahrkarten werden an Ticketautomaten an den Haltestellen, in Zeitungsgeschäften, Supermärkten oder direkt beim Fahrer gelöst. Außerdem sind sie an Kiosken, u. U. auch an der Hotelrezeption erhältlich. Für eine einfache Fahrt löst man ein *Biljet,* eine Mehrfachfahrkarte heißt *Lijnkaart.* Die Karte wird in Bus oder Straßenbahn an speziellen Automaten entwertet. Generell gilt, dass Tickets im Vorverkauf immer billiger sind als beim Fahrer.

Im Allgemeinen erwarten die Fahrer, dass man das Fahrgeld abgezählt bereithält. Scheine werden nur bis 20 € Wert angenommen. Einzelfahrten kosten in der Regel 2 € für die Kurzstrecke oder 3 € für die Langstrecke. Sollte sich ein Fahrkartenautomat an der Haltestelle befinden, kann es sein, dass sich manche Fahrer weigern, ein Ticket zu verkaufen. Wer sein Ticket im Vorverkauf erwirbt, also nicht beim Fahrer bezahlt, zahlt weniger: 1,20 € für die Kurz- und 2 € für die Langstrecke.

039fl Abb.: gs

◀ *Korenmarkt [III E5]: Gents zentraler Verkehrsknotenpunkt*

EXTRATIPP

Mit dem Schiff durch Flandern

Wer die Region vom Wasser aus erobern will, kann dies auch ganz individuell per Schiff tun. Die Boote, die maximal 10 bis 12 Personen Platz bieten und auch nur zur Übernachtung angemietet werden können, vermietet dieser Anieter:

› **River Cruise Spring,** Industriepark Brechtsebaan 18a, 2900 Schoten, Tel. +32 (0)479 777690, www.spring-rivercruise.be, Wochenendpauschalen ab 250 € p. P.

Am besten fährt man mit dem Kauf einer **Tages- oder Mehrtageskarte,** die man sich vor Fahrtantritt an einem Fahrkartenautomat oder einer Vorverkaufsstelle (Kiosk, Zeitungsladen, Supermarkt, Hotel usw.) besorgen sollte. Sie kosten 5 € (1 Tag), 10 € (3 Tage) oder 15 € (5 Tage). Deutlich teurer sind die Karten, wenn man sie in Bussen oder Bahnen kauft. Kinder unter 6 Jahren fahren kostenlos.

Wer einsteigen will, muss dies dem Bahn- oder Busfahrer **per Handzeichen ankündigen.** Beim Aussteigen ist eine Klingel zu drücken, die dem Fahrer signalisiert, dass man das Fahrzeug verlassen möchte. Wenn man keinen Fahrschein hat, muss man immer vorne einsteigen, mit gültigem Ticket kann man auch die anderen Türen benutzen.

040fl Abb.: gs

▶ *Busse und Bahnen sind mit Tageskarten besonders preiswert*

SCHIFF

In allen drei Städten finden während der Hochsaison regelmäßig Schiffsrundfahrten statt. In Brügge und Gent führen diese entlang der Grachten, in Antwerpen quer durch das riesige Hafenareal und auf der Schelde entlang.

Flandria Boat ist Antwerpens wichtigste Schifffahrtslinie. Sie organisiert nicht nur die täglichen Hafenrundfahrten (s. S. 64), sondern auch Ausflugsfahrten auf der Schelde. Gleich eine Handvoll Einsteigestellen gibt es in Brügge, wo Hunderttausende jährlich die Stadt per Boot erobern (s. S. 76). Außerdem gibt es von April bis Oktober Ausflugsfahrten ins benachbarte Damme, die am Noorweegse Kaai [II F4] starten. Gleich drei Gesellschaften bieten in Gent Grachtentouren an, die im Preis alle gleich sind. Für deutschsprachige Besucher empfiehlt sich:

› **De Bootjes van Gent – Rederij Dewaele,** Halvemaanstraat 41, 9040 **Gent,** Tel. 09 2291716, www.debootjesvangent.be, März–Nov. 10–18 Uhr, 6,50 €

TAXI

Taxifahren in den flandrischen Metropolen ist teuer geworden. Für Fahrten im Innenstadtbereich muss man in allen drei Städten mit etwa 10 bis 15 € rechnen. In Gent beträgt der Mindestfahrpreis 8 €. Nachtfahrten sind gewöhnlich deutlich teurer als Tagestouren, da sich hier der Kilometerpreis meist verdoppelt. In Antwerpen gibt es ein sogenanntes **TOV-Ticket,** das die Hinfahrt mit Bus oder Straßenbahn erlaubt und bei der Rückfahrt 2 € Ermäßigung auf den Taxipreis bietet (max. 4 Pers. pro Taxi). In Gent, wo man die Zahl der Taxen sehr verknappt hat, muss man sich auf längere Wartezeiten einrichten. Es ist also ratsam, Taxen so früh wie möglich vorzubestellen!

Normalerweise finden sich die Taxis an festen Standplätzen in der Innenstadt. Das sind in Gent die Bahnhöfe und der Korenmarkt (37), in Antwerpen Centraal Station (1) und Groenplaats (6), in Brügge Markt (17) und Bahnhofsplatz. Selbstverständlich kann man immer auch einen Wagen samt Fahrer per Telefon rufen, die Nummern der wichtigsten **Taxizentralen** lauten:

- Antwerpen: Tel. 03 2383838
- Brügge: Tel. 050 334444
- Gent: Tel. 09 333333

WETTER UND REISEZEIT

Flanderns Metropolen sind **zu jeder Jahreszeit eine Reise wert,** vor allem aber außerhalb der traditionellen Ferienzeiten, in denen Städte wie Brügge meist von Touristen überlaufen sind, entfalten sie ihren besonderen Reiz. Auf alle Fälle gehört **Regenkleidung** ins Reisegepäck, denn die Klimadaten für Flandern weisen statistisch das ganze Jahr über Niederschlag aus. Schnee und Frost sind wegen der nahen Nordsee selten. Umgekehrt dämpft das Meer im Hochsommer die Temperaturen. Aktuelle Wetterinformationen:

- www.meteo.be

Die **allgemeine Reisesaison** beginnt Ende März und endet im Spätherbst. Da Flanderns Städte aber eigentlich ein Ganzjahresziel sind, sollte man seine Visite auch von den kulturellen Angeboten abhängig machen.

ANHANG

005fl Abb.: gs

KLEINE SPRACHHILFE

Die folgenden Wörter und Redewendungen wurden dem Reisesprachführer „Niederländisch – Wort für Wort" (Kauderwelsch-Band 66) aus dem Reise Know-How Verlag entnommen und sollen dem Leser eine erste kurze Einführung in die niederländische Sprache bieten. (Das Flämische, das in Flandern gesprochen wird, ist ein Dialekt des Niederländischen.)

AUSSPRACHE

Die folgenden Buchstaben(kombinationen) werden anders als im Deutschen ausgesprochen. Die zweite Spalte gibt die Lautschrift wieder.

ch, g	ch	raues „ch" wie in „lachen"
g	sh	bei französ. Wörtern vor e, i, y wie zweites „g" in „Garage"
ng	ng	„ng" wie im Deutschen „bringen"
e	è	kurzes „e" wie in „bitte"
ei, ij	äj	wie „ey"
eu	öö	wie ein langes „ö"
oe	u	kurzes „u" wie in „Bus"
ou	au	wie „au" in „Maus"
s	ß	stimmloses „s" wie in „Bus"
sch	ßch	wie „ß" und dann „ch" in „Häuschen" (kein deutsches „sch")
sj	sch	deutsches „sch" wie in „Schule"
tj	tch	zwischen „tch" und „tj" wie in „Kärtchen"
u	üü	langes „ü" wie in „Mühe", oder:
	ö	kurzer Laut zwischen „i" und „ö"
ui	öi	etwa wie „öi" in „Feuilleton"
v	v	zwischen „f" und „w"
z	s	stimmhaftes „s" wie in „Rose"

Am Wortende gibt es folgende Besonderheiten:

-b	-p	wie „p"
-d	-t	wie „t"
-ig	-èch	„ech" mit weichem „ch" (kein „ä")
-isch	-ieß	„ieß" (mit langem „i"
-n		wird manchmal verschluckt
-lijk	-lèk	„lek", klingt fast wie „lök"
-tie	-zie	„zie" (mit langem „i")

HÄUFIG GEBRAUCHTE WÖRTER UND REDEWENDUNGEN

Zahlen

0	*nul*	nöll
1	*een*	een
2	*twee*	twee
3	*drie*	drie
4	*vier*	vier
5	*vijf*	väjf
6	*zes*	säß
7	*zeven*	seevèn
8	*acht*	acht
9	*negen*	neechèn
10	*tien*	tien
11	*elf*	älf
12	*twaalf*	twaalf
13	*dertien*	därrtien
14	*veertien*	veertien
15	*vijftien*	väjftien
16	*zestien*	säßtien
17	*zeventien*	seevèntien
18	*achtien*	achtien
19	*negentien*	neechèntien
20	*twintig*	twintich
21	*eenentwintig*	eenèntwintich
22	*tweeëntwintig*	tweeèntwintich
23	*drieëntwintig*	drieèntwintich
24	*vierentwintig*	vierèntwintich
25	*vijfentwintig*	väjfèntwintich
26	*zesentwintig*	säßèntwintich
27	*zevenentwintig*	seevèn èntwintich
28	*achtentwintig*	achtèntwintich

29	*negenentwintig*	neechènènt wintich	101	*honderdeen*	hondèrdeen
30	*dertig*	därrtich	102	*honderdtwee*	hondèrdtwee (usw.)
40	*veertig*	veertich	200	*tweehonderd*	tweehondèrd
50	*vijftig*	väjftich	300	*driehonderd*	driehondèrd
60	*zestig*	sßtich	1.000	*duizend*	döisènd
80	*tachtig*	tachtich	2.000	*tweeduizend*	tweedöisènd
90	*negentig*	neechèntich	10.000	*tienduizend*	tiendöisènd
100	*honderd*	hondèrd	1.000.000	*een miljoen*	een milljunn

Die wichtigsten Fragewörter

welke?	wällkè	welches?
wat voor een?	wat voor een	was für ein?
waar?	waar	wo?
waarvandaan?	waarvanndaan	woher?
waarnaartoe?	waarnaatu	wohin?
waarom?	waaromm	warum?
hoe?	hu	wie?
hoeveel?	huveel	wie viel?
wanneer?	wanneer	wann?
waarmee?	waarmee	womit?

Die wichtigsten Richtungsangaben

(naar) rechts/links	naar rächtß/linkß	(nach) rechts/links
rechtdoor	rächtdoor	geradeaus
terug	tèröch	zurück
tegenover	teechènoovèr	gegenüber
tussen	tößèn	zwischen
voor – achter	voor – achtèr	vor(ne) – hinten/-r
over – onder	oovèr – onndèr	über – unter
hier – daar	hier – daar	hier – dort
ver – dichtbij	värr – dichtbäj	weit – nah
buiten	böitèn	außerhalb
in het centrum	in hèt ßäntröm	im Zentrum
om de hoek	om dè huk	um die Ecke

Die wichtigsten Zeitangaben

(over)morgen	(oovèr)morchèn	(über)morgen
's morgens	ßmorchènß	morgens
's middags	ßmiddachß	mittags
's avonds	ßavèndß	abends
dagelijks	daachèlèkß	täglich
eerder – later	eerdèr – laatèr	früher – später
nou, nu – gauw	nau, nü – chauw	jetzt – bald

Die wichtigsten Fragen

Wat is dat? wat iß dat	Was ist das?
Kunt u me vertellen ...? könnt ü mè vèrtällèn	Können Sie mir sagen ...?
Is er ...? – Heeft u ...? iß èr – heeft ü	Gibt es ...? – Haben Sie ...?
Ik wou graag ... ik wau chraach	Ich hätte gerne ...
Ik zoek ... – Ik neem ... ik suk – ik neem	Ich suche – Ich nehme ...
Waar vind ik ...? waar vind ik	Wo finde ich ...?
Ik heb ... nodig. ik häp noodich	Ich brauche ...
Waar kan ik ... kopen? waar kann ik ... koopèn	Wo kann ich ... kaufen?
Kunt u me ... geven? könnt ü mè ... cheevèn	Können Sie mir ... geben?
Hoeveel kost dat? huveel koßt dat	Wie viel kostet das?
Waar is ...? waar iß	Wo ist ...?
Hoe kom ik naar ...? hu komm ik naar	Wie komme ich nach ...?
Hoeveel kost de rit naar ...? huveel koßt dè rit naar	Wie viel kostet die Fahrt nach ...?
Ik wil graag naar ... ik will chraach naar	Ich möchte nach ... (Taxi)
Hoe lang duurt ...? hu lang düürt	Wie lange dauert ...?

Nichts verstanden? – Weiterlernen!

Ich spreche kaum Niederländisch.	*Ik spreek bijna geen Nederlands.* ik ßpreek bäjna cheen needèrlandß
Wie bitte? (geduzt/gesiezt)	*Wat zeg je/zegt u?* wat säch jè/sächt ü
Ich habe dich/Sie nicht verstanden.	*Ik heb je/u niet verstaan.* ik häp jè/ü niet vèrßtaan
Sprichst du/sprechen Sie Englisch/ Deutsch?	*Spreek jij/spreekt u Engels/Duits?* ßpreekt ü/ßpreek jäj ängelß/döitß
Was heißt ... auf Niederländisch/ Deutsch?	*Wat is ... in het Nederlands/Duits?* wat iß ... in hèt needèrlandß/döitß
Kannst du/können Sie das wiederholen?	*Kun je/Kunt u dat nog een keer zeggen?* könn jè/könnt ü dat noch een keer sächèn

Könnten Sie etwas langsamer sprechen?	*Zou u iets langzamer kunnen spreken?* sau ü ietß langsaamèr können ßpreekè
Was bedeutet dieses Wort?	*Kunt u me vertellen wat dit woord betekent?* könnt ü mè vèrtällèn wat dit woord bèteekènt
Wie spricht man dieses Wort aus?	*Hoe spreekt u dit woord uit?* hu ßpreekt ü dit woord öit
Können Sie mir das bitte aufschreiben?	*Wilt u mij dat alstublieft opschrijven?* willt ü mäj dat aßtüblieft opßchräjvèn

Die wichtigsten Floskeln und Redewendungen

ja – nee jaa – nee	ja – nein
dank u – dank je wel dank ü – dank jè wäl	danke (gesiezt – geduzt)
alsjeblieft – alstublieft aßjèblieft – aßtüblieft	bitte (geduzt – gesiezt)
Graag gedaan. chraach chèdaan	Keine Ursache./ Gern geschehen.
Dankjewel, hetzelfde! dankjèwäl, hètsälfdè	Danke gleichfalls! (geduzt)
Goedemorgen!/Goededag! chujèmorchèn/chujèdach	Guten Morgen/Tag!
Goedenavond! chujènaavènd	Guten Abend!
Welterusten! wälltèrößtèn	Gute Nacht!
Welkom! wällkomm	Willkommen!
Hallo!/Hoi! – Doei! hallo/hoj – duj	Hallo! – Tschüss!
Tot ziens! tott sienß	Auf Wiedersehen!
Tot gauw. tot chauw	Bis bald.
Hoe gaat het (met jou/u)? hu chaat hèt (mät jau/ü)	Wie geht's (dir/Ihnen)?
Dank u wel, goed! dank ü wäll, chut	Danke, gut. (gesiezt)
Eet smakelijk! – Proost! eet ßmaakèlèk - prooßt	Guten Appetit! – Prost!
Sorry! – Het spijt me. ßorrie – hèt ßpäjt mè	Entschuldigung! – Es tut mir Leid.
Is niet erg./Is Okee. iß niet ärch/iß okee	Macht nichts! (Antwort auf Entschuldigung)

sound trip
in cooperation with
piranha
Musik im
Reise Know-How Verlag
Reise Know-How
East Africa
Northern Africa
South Africa
The Andes
Argentina
Australia
The Balkans
Baltic States
Barbados
Oriental Belly Dance
Northeast Brazil
Canada
Chile
China
Colombia
Cuba
Finland
Iceland
India
Ireland
Israel
Japan
Mexico
New Zealand
Norway
Russia,
St. Petersburg
Scotland
Switzerland
Turkey
Uruguay
Die Compilations der CD-Reihe sound trip stellen aktuelle, typische Musik eines Landes oder einer Region vor.
Im Buchhandel erhältlich | Unverbindl. Preisempf.:
EURO 15,90 [D]
Kostenlose Hörprobe
im Internet.
www.reise-know-how.de

REGISTER

CITYATLANTEN

006fl Abb.: gs

1 cm = 80 m
0
100 m
200 m
300 m
"Het Steen"
Museum der schönen Künste
Antwerpen Centraal
dok
Loodswezen
Margueriet Schullhaven
E5
D6
E6
D7
E7
Schelde
Rouaansekaai
V. Meterenkaai
Orteliuskaai
Jordaenskaai
E. V. Dijck-kaai
Plantin-kaai
Brouwershuis
Brouwersvliet
St.-Aldegondisstr.
Zeeuwsestr.
Kornmarkt
Giststr.
Wandelterras
Wandelterras Zuid
Noord
Steenplein
"Het Steen"
Vleeshuis
Vleeshouwersstr.
Kaasstr.
Zilversmidstr.
Bullinckpl.
Kuipersstr.
Palingbr.
Stadthuis
Grote Markt
Suikerrui
Haverstr.
Haarstr.
Kl. Pieter Potstr.
Gr. Pieter Potstr.
Oude Koornmarkt
Handschoenmarkt
O.L.V.-Kathedraal
Blauwmoezelstr.
Groenplaats
GROENPL.
Vlasmarkt
Reyndersstr.
De Pelgrom
Pelgrimstr.
Joardaenshuis
Mus. Plantin-Moretus
Vrijdagmarkt
H. Geeststr.
Hoogstr.
Stoofstr.
Sandersstr.
Zand
St.-Annatunnel (voetgangers & fietsers)
St.-Jansvliet
Steenhouwersvest
Lombardenvest
Centraal Post
Schoenmarkt
Bernardus-centrum
Dagblad-mus.
Nationalestr.
Kammenstr.
Drukkerijstr.
Leeuwenstr.
Bergstr.
Gierstr.
Kopstr.
Ijzerenwaag
Rijswijk-pl.
Zwaardstr
Sleutelstr.
St.-Augustinus
Politie-mus.
Everdijstr.
Oudaan
Lombardenstr.
Merkator-orteliushuis
St.-Andries
St.-Andriesstr.
Augustijnenstr.
Korte Ridderstr.
Ridderstr.
Oever
Scheldeken
Steegsken
Rijkenhoek
Kromme Elleboogstr.
Vlaanderenstr.
Sint-Michielstr.
Kloosterstr.
Past. Visschers-pl.
Rijke Beukelaarstr.
St.-Antoniusstr.
Kleine Markt
Verbrande Entrepotstr.
St.-Pauluskerk
Prior Peltierspl.
St.-Paulusplaats
Paulusstr.
Veemarkt
Zwartzustersstr.
Koepoortbrug
Koepoortstr.
Lange Koepoortstr.
Kte. Koepoortstr.
Minderbroedersrui
Kl. Goddaard
Zirkstr.
Stoelstr.
Wolstr.
Beurs
Oude Waag
Jeruzalemstr.
Moriaanstr.
Wijngaardstr.
Jezuitenrui
Hofdkerk
Korte
Torfbrug
Kaasrui
Maalderijstr.
Melkmarkt
Vlemincksveld
Eiermarkt
Beddenstr.
Zwaluwstr.
Groenkerkhof
Pandstr.
Geetsstr.
St.-Pieterstr.
Papenstr.
Blom
Vlaaikensgang
Schippersstr.
Lge. Schipperskapelstr.
Kte. Schipperskapelstr.
St.-Pietersvliet
Grote Kraaiwijk
Kl. Kraaiwijk
Koolkaai
Guldenberg
Goritsstr.
Sauciersstr.
Burchtgracht
Zakstr.
Kte. Doornikstr.
Lge. Doornikstr.
Gr. Koraalberg
Ruckerspl.
Lge. Ruckersstr.
Braderijstr.
Oude Beurs
Hofstr.
Wisselstr.
Gildekamersstr.
Krieken-str.
Blauwbroekstr.
Vingerlingstr.
Oudemansstr.
Kaistr.
Leguit
Verversrui
Kommstr.
Dries
Hulkstr.
Klapstr.
Nosestr.
Korte Zeevaartstr.
otorvoertuigen)
185
176
10
160
163
9
90
8
7
102
40
6
1
5
12
177
144
56
116
11
146
145
52
57
53
128

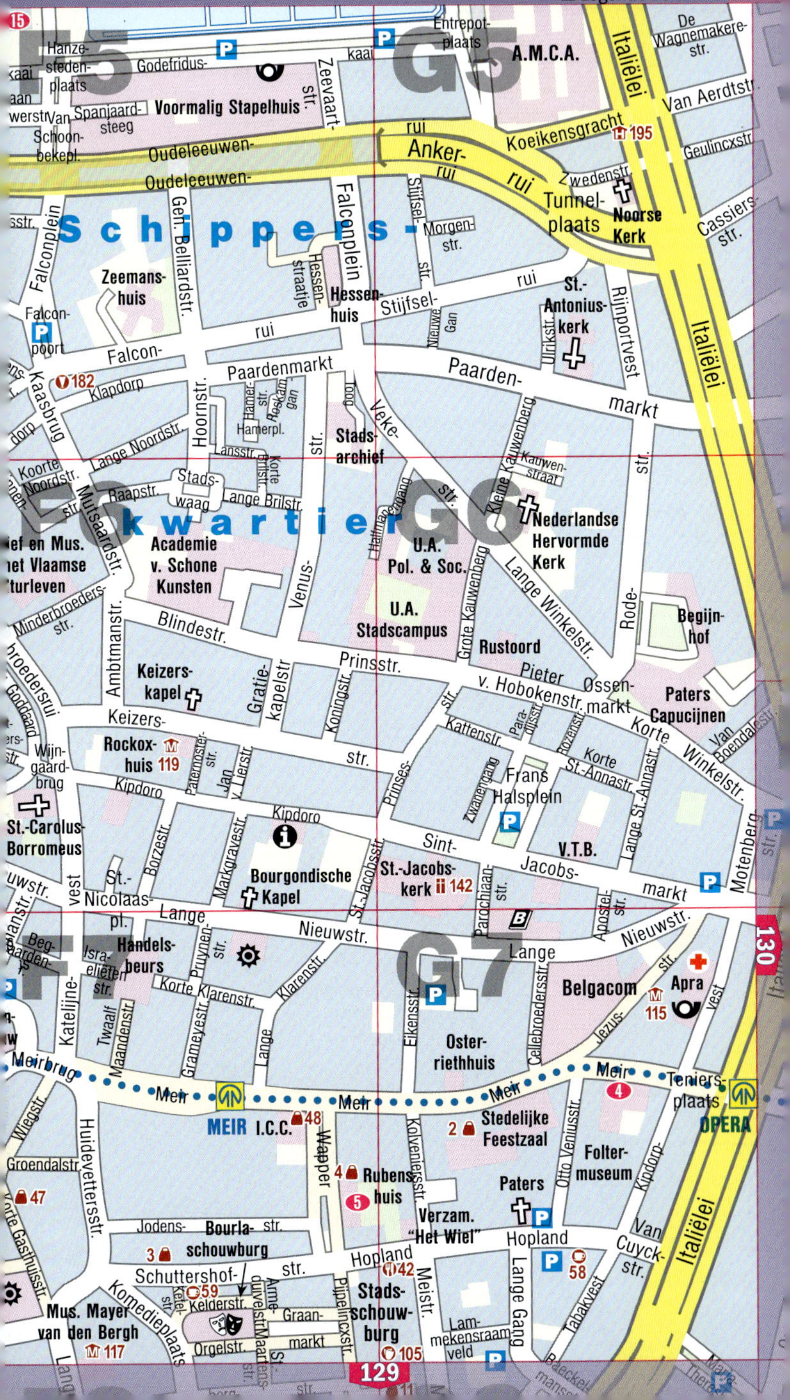
F5
G5
F6
G6
F7
G7
Hanze-steden-plaats
Godefridus-kaai
Entrepot-plaats
A.M.C.A.
De Wagnemakere-str.
Italiëlei
Van Aerdtstr.
Voormalig Stapelhuis
Van Schoon-bekepl.
Spanjaard-steeg
Zeevaart-str.
Oudeleeuwen-rui
Anker-rui
Koeikensgracht
195
Geulincxstr.
Zwedenstr.
Tunnel-plaats
Noorse Kerk
Cassiers-str.
Schippers-kwartier
Falconplein
Gen. Belliardstr.
Hessen-straatje
Morgen-str.
Stijfsel-str.
Zeemans-huis
Hessen-huis
Stijfsel-rui
St.-Antonius-kerk
Rijnportvest
Ulrikstr.
Nieuwe Gan
Falcon-poort
Falcon-rui
Paardenmarkt
Paarden-markt
Kaasbrug
182
Klapdorp
Hamer-str.
Roskam-gan
Hamerpl.
Hoornstr.
Lange Noordstr.
Koorte Noordstr.
Stads-archief
Veke-str.
Kleine Kauwenberg
Kauwen-straat
Stads-waag
Raapstr.
Lansstr.
Korte Brilstr.
Lange Brilstr.
Mutsaardstr.
Hofvangang
Halfmaanstr.
Nederlandse Hervormde Kerk
Academie v. Schone Kunsten
U.A. Pol. & Soc.
U.A. Stadscampus
Venus-str.
Lange Winkelstr.
Rode-str.
Begijn-hof
Minderbroeders-str.
Blindestr.
Ambtmanstr.
Grote Kauwenberg
Rustoord
Keizers-kapel
Gratie-kapelstr
Koningstr.
Prinsstr.
Pieter v. Hobokenstr.
Ossen-markt
Paters Capucijnen
Keizers-str.
Kattenstr.
Para-dijsstr.
Rozenstr.
Korte Winkelstr.
Van Boendalestr.
Wijn-gaard-brug
Rockox-huis 119
Paternoster-str.
Jan v. Lierstr.
Korte St.-Annastr.
Lange St.-Annastr.
Frans Halsplein
Zwanengang
Prinses-str.
Kipdorp
St.-Carolus-Borromeus
Borzestr.
Markgravestr.
Sint-Jacobs-markt
V.T.B.
Motenberg
St.-Jacobsstr.
St.-Jacobs-kerk 142
Bourgondische Kapel
St.-Nicolaas-pl.
Parochiaan-str.
Apostel-str.
Lange Nieuwstr.
Handels-beurs
Israëlieten str.
Pruynen-str.
Korte Klarenstr.
Klarenstr.
Eikenstr.
Cellebroedersstr.
Belgacom
Apra
115
Jezus-str.
Katelijne-vest
Twaalf Maandenstr.
Grameyestr.
Lange
Oster-riethhuis
Meirbrug
Meir
Teniers-plaats
OPERA
MEIR
I.C.C.
48
2 Stedelijke Feestzaal
4
Wiegstr.
Huidevettersstr.
Wapper
Kolveniersstr.
Otto Veniusstr.
Folter-museum
Kipdorp-vest
Groendalstr.
4 Rubens huis
5
Paters
47
Jodens-str.
Bourla-schouwburg
Verzam. "Het Wiel"
Hopland
Van Cuyck-str.
3
Schuttershof-str.
59
42
58
Korte Gasthuisstr.
Komedieplaats
Kelderstr.
Arme-duivelstr.
Graan-markt
Pijpelincxstr.
Stads-schouw-burg
Meistr.
Lange Gang
Tabakvest
Mus. Mayer van den Bergh 117
Orgelstr.
St.-Maartens-str.
105
Lam-mekensraam-veld
15
129
130

126

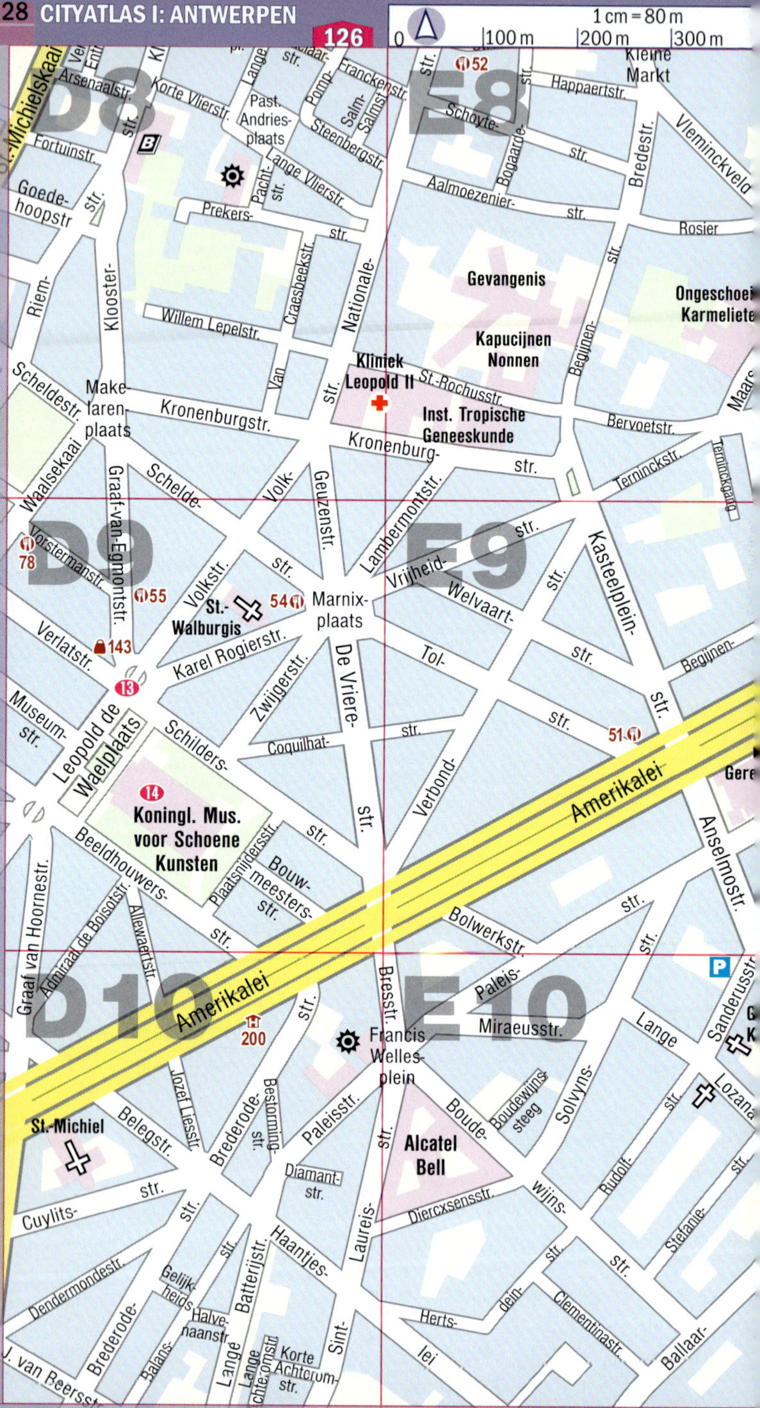

0 100 m 200 m 300 m
1 cm = 80 m
D8
E8
D9
E9
D10
E10
St.-Michielskaai
Arsenaalstr.
Korte Vlierstr.
Past. Andries-plaats
Franckenstr.
Salm-
Salmstr.
Steenbergstr.
Schoyte-
Happaertstr.
Kleine Markt
Fortuinstr.
Goede-hoopstr.
Lange Vlierstr.
Pacht-str.
Prekers-
str.
Aalmoezenier-
str.
Bogaarde-
Bredestr.
Vleminckveld
Rosier
Riem-
Klooster-
Willem Lepelstr.
Craesbeekstr.
Nationale-
Gevangenis
Ongeschoeide Karmelieten
Kapucijnen Nonnen
Kliniek Leopold II
St.-Rochusstr.
Inst. Tropische Geneeskunde
Begijnen-
Bervoetstr.
Scheldestr.
Make-laren-plaats
Kronenburgstr.
Van
Kronenburg-
str.
Waalsekaai
Graaf-van-Egmontstr.
Schelde-
Volk-
Geuzenstr.
Lambermontstr.
Ternickstr.
Terninckgang
Kasteelplein-
Vorstermanstr.
78
55
Volkstr.
St.-Walburgis
54
Marnix-plaats
Vrijheid-
Welvaart-
str.
143
Verlatstr.
Karel Rogierstr.
De Vriere-
Tol-
Begijnen-
13
Museum-str.
Leopold de Waelplaats
Schilders-
Zwijgerstr.
Coquilhat-
str.
51
Verbond-
Amerikalei
14
Koningl. Mus. voor Schoene Kunsten
Beeldhouwers-
Plaatsnijdersstr.
Bouw-meesters-str.
Anselmostr.
Graaf van Hoornestr.
Admiraal de Boisotstr.
Allewaertstr.
Bolwerkstr.
Bresstr.
Paleis-
Miraeusstr.
Sanderusstr.
200
Francis Welles-plein
Lange
Lozana
St.-Michiel
Belegstr.
Jozef Liesstr.
Brederode-
Bestorming-str.
Paleisstr.
Boude-
Boudewijns-steeg
Solvyns-
Alcatel Bell
Diamant-str.
Diercxsensstr.
wijns-
Rudolf-
Stefanie-
Cuylits-
Haantjes-
Laureis-
Dendermondestr.
Gelijk-heids
Halve-naanstr.
Batterijstr.
Herts-
lei
dein-
Clementinastr.
Ballaar-
Brederode-
Balans-
Lange
Lange Achtero-mstr.
Korte Achterom-str.
Sint-
J. van Beersstr.

□ Legende Seite 140

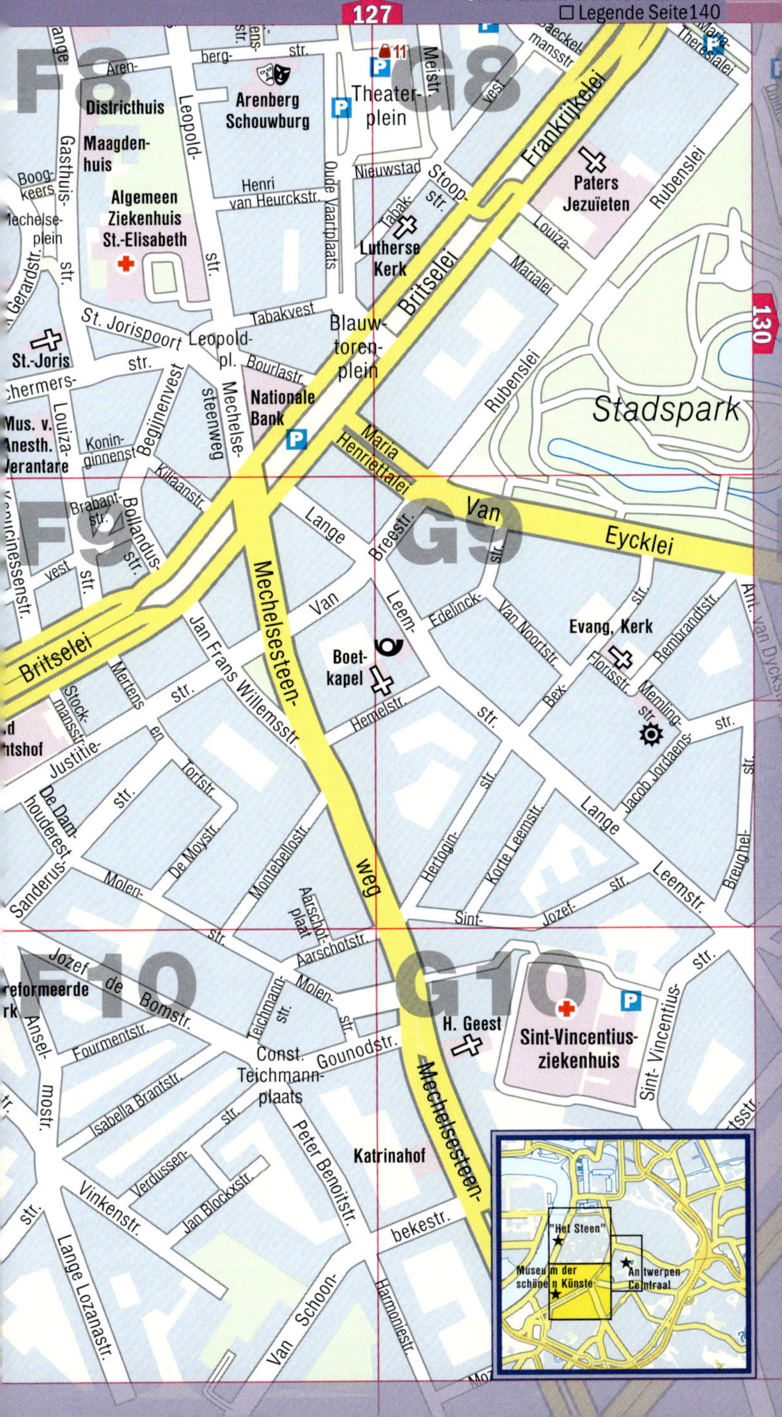

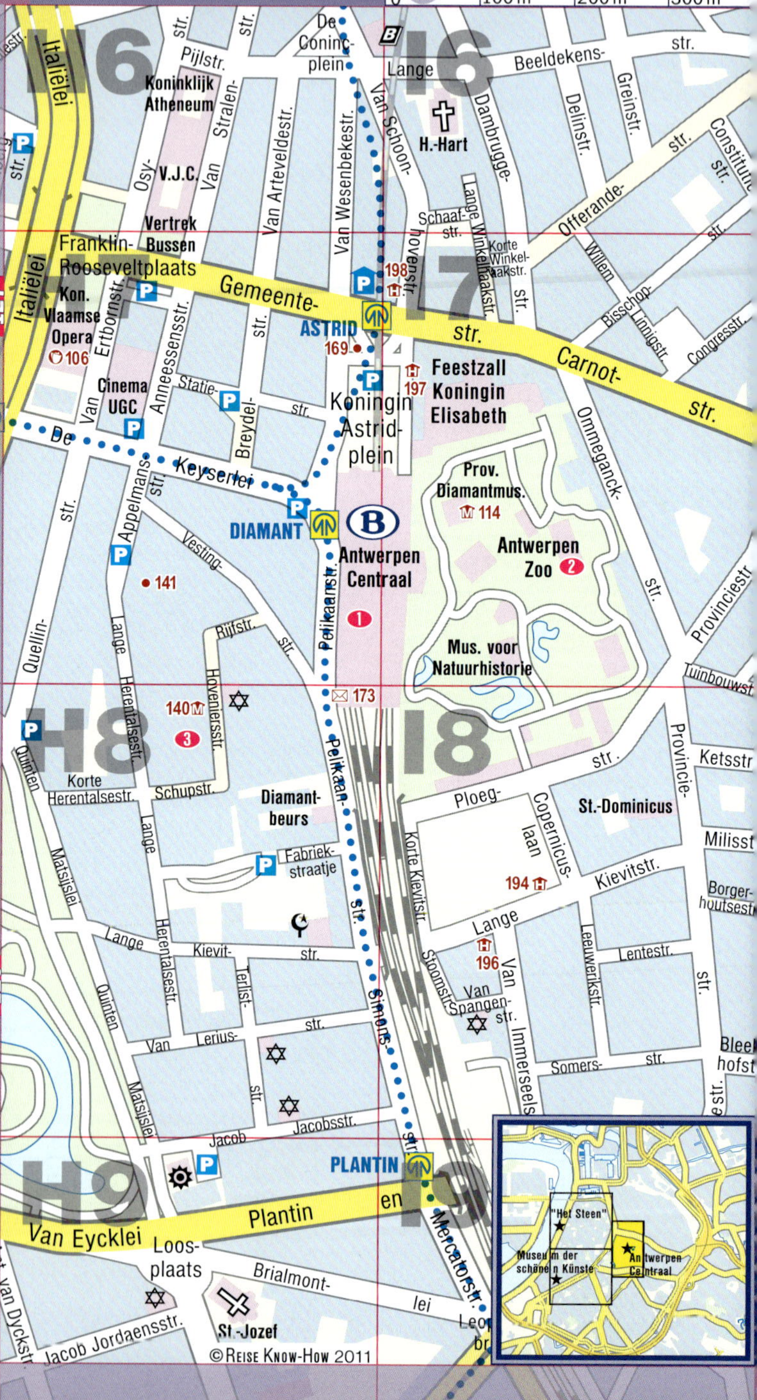
1 cm = 80 m
0 100 m 200 m 300 m
H6
I6
H7
I7
H8
I8
H9
I9
127
129
Italiëlei
Pijlstr.
De Coninc-plein
Lange
Beeldekens-
str.
Koninklijk Atheneum
Van Stralen-
Osy-
V.J.C.
Van Arteveldestr.
Van Wesenbekestr.
Van Schoon-hovenstr.
H.-Hart
Dambrugge-
Delinstr.
Greinstr.
Constitutie-str.
Offerande-
Motenberg
Vertrek Bussen
Franklin-Rooseveltplaats
Schaaf-str.
Lange Winkelhaakstr.
Korte Winkel-haakstr.
Willem
Bisschop-
Linnigstr.
Congresstr.
Gemeente-
str.
Carnot-
str.
198
ASTRID
169
197
Feestzall Koningin Elisabeth
Koningin Astrid-plein
Kon. Vlaamse Opera
106
Van Ertbornstr.
Cinema UGC
Anneessensstr.
Statie-
Breydel-
De Keyserlei
Appelmans-str.
Prov. Diamantmus.
114
Ommeganck-str.
DIAMANT
Antwerpen Centraal
Antwerpen Zoo
2
Vesting-
141
Pelikaanstr.
1
Provinciestr.
Quellin-
Lange Herentalsestr.
Rijfstr.
Hoveniersstr.
Mus. voor Natuurhistorie
Tuinbouwstr.
173
140
3
Quinten
Korte Herentalsestr.
Schupstr.
Diamant-beurs
Ploeg-
Copernicus-laan
St.-Dominicus
Ketsstr.
Provincie-
Milisstr.
Fabriek-straatje
Korte Kievitstr.
194
Kievitstr.
Borger-houtsestr.
Matsijslei
Lange Kievit-str.
Herentalsestr.
Terlist-
Stoomstr.
196
Van Spangen-str.
Leeuwerikstr.
Lentestr.
Simons-
Van Immerseelstr.
Van Lerius-str.
Somers-str.
Bleekhofstr.
Jacobsstr.
Jacob
PLANTIN
Plantin en Moretuslei
Mercatorstr.
Van Eycklei
Loos-plaats
Brialmont-lei
Ant. van Dyckstr.
Jacob Jordaensstr.
St.-Jozef
Leopold
"Het Steen"
Museum der schönen Künste
Antwerpen Centraal
©Reise Know-How 2011

ANTWERPEN · BRÜGGE · GENT, UMGEBUNG

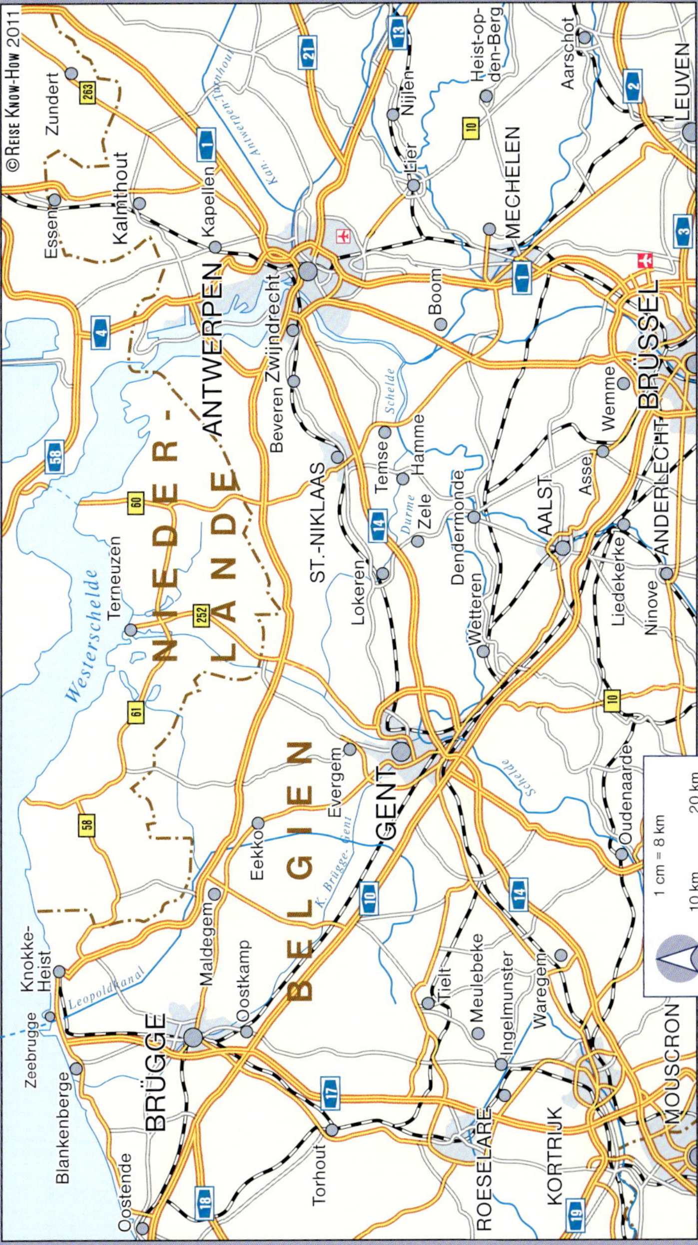

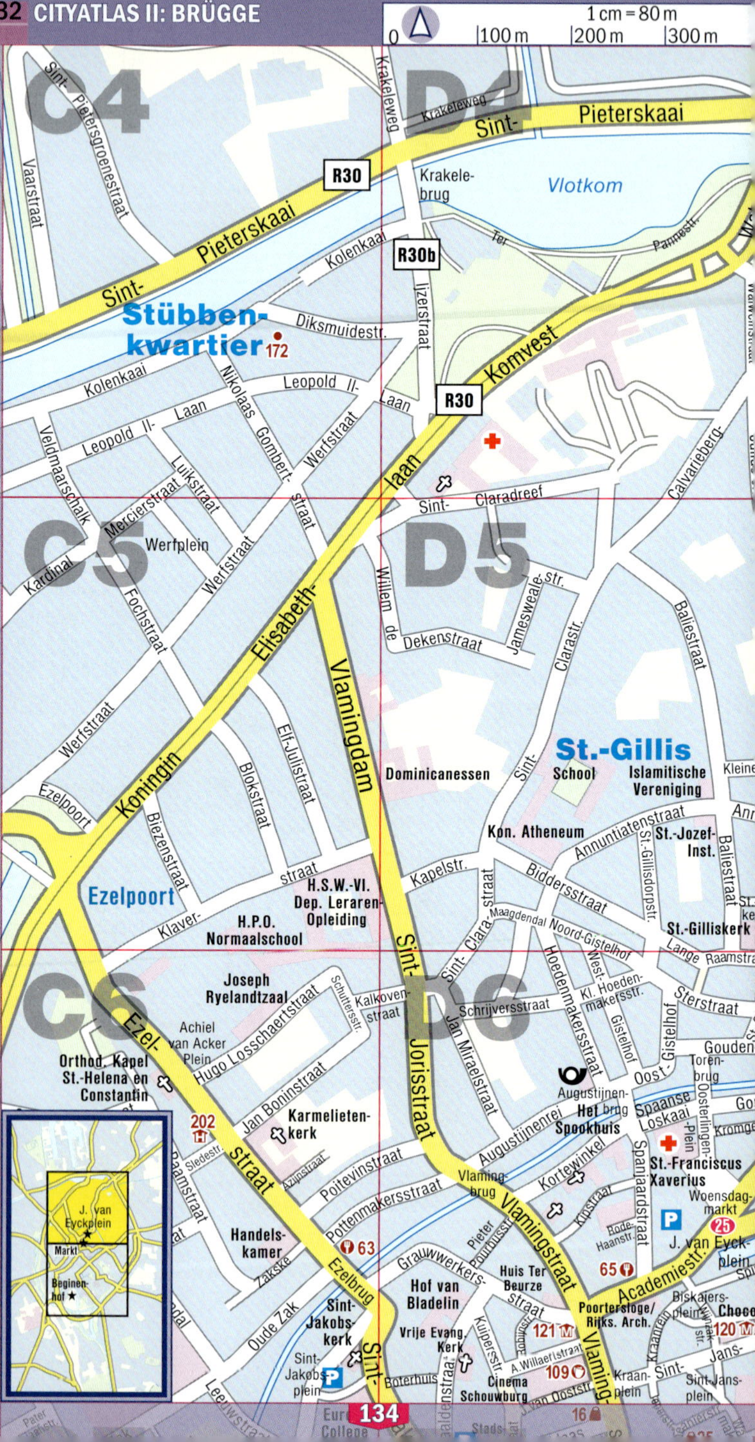
1 cm = 80 m
0 100 m 200 m 300 m
C4
D4
C5
D5
C6
D6
Sint-Pieterskaai
Sint-Pietersgroenestraat
Vaarstraat
Krakeleweg
R30
R30b
Krakelebrug
Vlotkom
Kolenkaai
Stübbenkwartier
172
Diksmuidestr.
Ijzerstraat
Komvest
Leopold II-Laan
Nikolaas Gombertstraat
Werfstraat
Veldmaarschalk
Luikstraat
Merclerstraat
Werfplein
Kardinal
Fochstraat
Sint-Claradreef
Calvarieberg
Willem de Dekenstraat
Jamesweale-str.
Clarastr.
Baliestraat
Elisabethlaan
Koningin
Vlamingdam
Elf-Julistraat
Blokstraat
Biezenstraat
Ezelpoort
Klaverstraat
Dominicanessen
St.-Gillis
School
Islamitische Vereniging
Kon. Atheneum
Annuntiatenstraat
St.-Jozef-Inst.
St.-Gillisdorpstr.
Kapelstr.
Biddersstraat
H.S.W.-Vl. Dep. Leraren-Opleiding
H.P.O. Normaalschool
Sint-Clarastraat
Maagdendal
Noord-Gistelhof
St.-Gilliskerk
Lange Raamstra
Joseph Ryelandtzaal
Schutterstr.
Kalkovenstraat
Sint-Jorisstraat
Jan Miraelstraat
Schrijversstraat
Hoedenmakersstraat
Kl. Hoedenmakersstr.
West-Gistelhof
Sterstraat
Achiel van Acker Plein
Hugo Losschaertstraat
Orthod. Kapel St.-Helena en Constantin
Ezelstraat
Jan Boninstraat
Karmelietenkerk
Augustijnenbrug
Het Spookhuis
Oost-Gistelhof
Gouden-Torenbrug
Spaanse Loskaai
Oosterlingen-Plein
St.-Franciscus Xaverius
202
Sledestr.
Azijnstraat
Poitevinstraat
Augustijnenrei
Kortewinkel
Spanjaardstraat
Vlamingbrug
Vlamingstraat
Woensdagmarkt
25
Pottenmakersstraat
Pieter Pourbusstr.
Kipstraat
Rode-Haanstr.
J. van Eyckplein
65
63
Handelskamer
Zakske
Ezelbrug
Grauwwerkersstraat
Hof van Bladelin
Huis Ter Beurze
Academiestr.
Poortersloge/ Rijks. Arch.
Biskajersplein
121
120
Oude Zak
Sint-Jakobskerk
Sint-Jakobsplein
Vrije Evang. Kerk
Kuiperstr.
A. Willaertstraat
109
Cinema Schouwburg
Kraanplein
Sint-Jansplein
Boterhuis
16
J. van Eyckplein
Markt
Begijnenhof

134

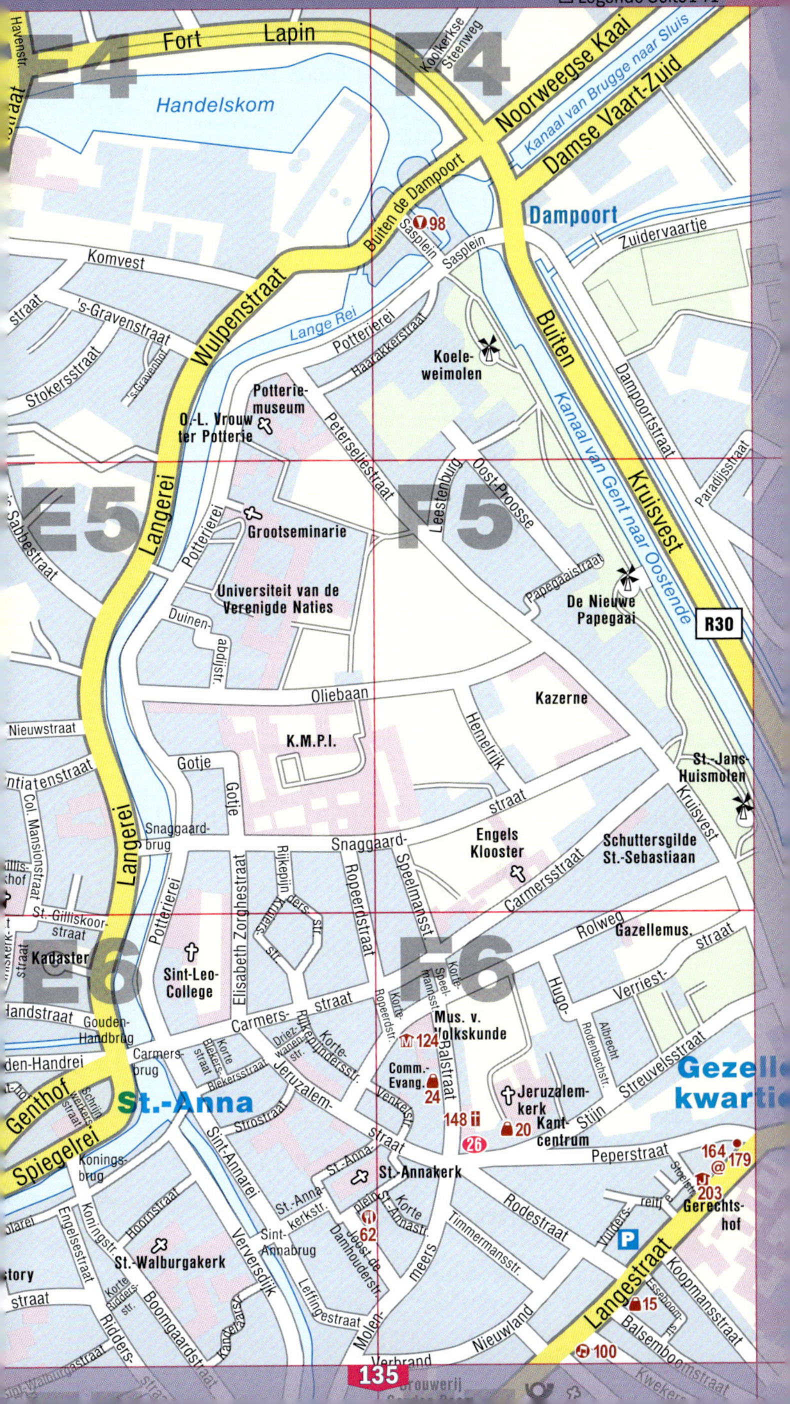
Fort Lapin
Handelskom
Koolkerkse Steenweg
Noorweegse Kaai
Kanaal van Brugge naar Sluis
Damse Vaart-Zuid
Buiten de Dampoort
Dampoort
Sasplein
98
Zuidervaartje
Komvest
Wulpenstraat
's-Gravenstraat
Lange Rei
Potterierei
Haarakkerstraat
Koeleweimolen
Buiten
Kruisvest
Dampoortstraat
Kanaal van Gent naar Oostende
Stokersstraat
Potterie-museum
O.-L. Vrouw ter Potterie
Peterseliestraat
Leestenburg
Oost-Proosse
Paradijsstraat
Langerei
Grootseminarie
Sabbestraat
Papegaaistraat
De Nieuwe Papegaai
R30
Universiteit van de Verenigde Naties
Duinen-abdijstr.
Oliebaan
Kazerne
Nieuwstraat
K.M.P.I.
Hemelrijk
St.-Jans-Huismolen
Gotje
Col. Mansionstraat
Snaggaard-brug
Snaggaard-straat
Rijkepijndersstr.
Ropeerdstraat
Speelmansst.
Engels Klooster
Carmersstraat
Schuttersgilde St.-Sebastiaan
St. Gilliskoorstraat
Kadaster
Elisabeth Zorghestraat
Rolweg
Gazellemus.
Sint-Leo-College
Hugo-Verriest-straat
Gouden-Handbrug
Carmers-brug
Korte Blekersstraat
Jeruzalem-straat
Mus. v. Volkskunde
124
Comm.-Evang.
24
Balstraat
Albrecht Rodenbachstr.
Streuvelsstraat
Gezelle kwartier
Genthof
St.-Anna
Jeruzalemkerk
148
20
26
Kant-centrum
Stijn
Peperstraat
164
179
203
Gerechtshof
Spiegelrei
Koningsbrug
Sint-Annarei
St.-Annakerk
St.-Annaplein
Rodestraat
Timmermansstr.
62
Joost de Damhouderstr.
Engelsestraat
Koningstr.
Hoornstraat
St.-Walburgakerk
Sint-Annabrug
Verversdijk
Langestraat
Koopmansstraat
15
Balsemboomstraat
Leffingestraat
Nieuwland
Verbrand
100
Boomgaardstraat
Molen-meers

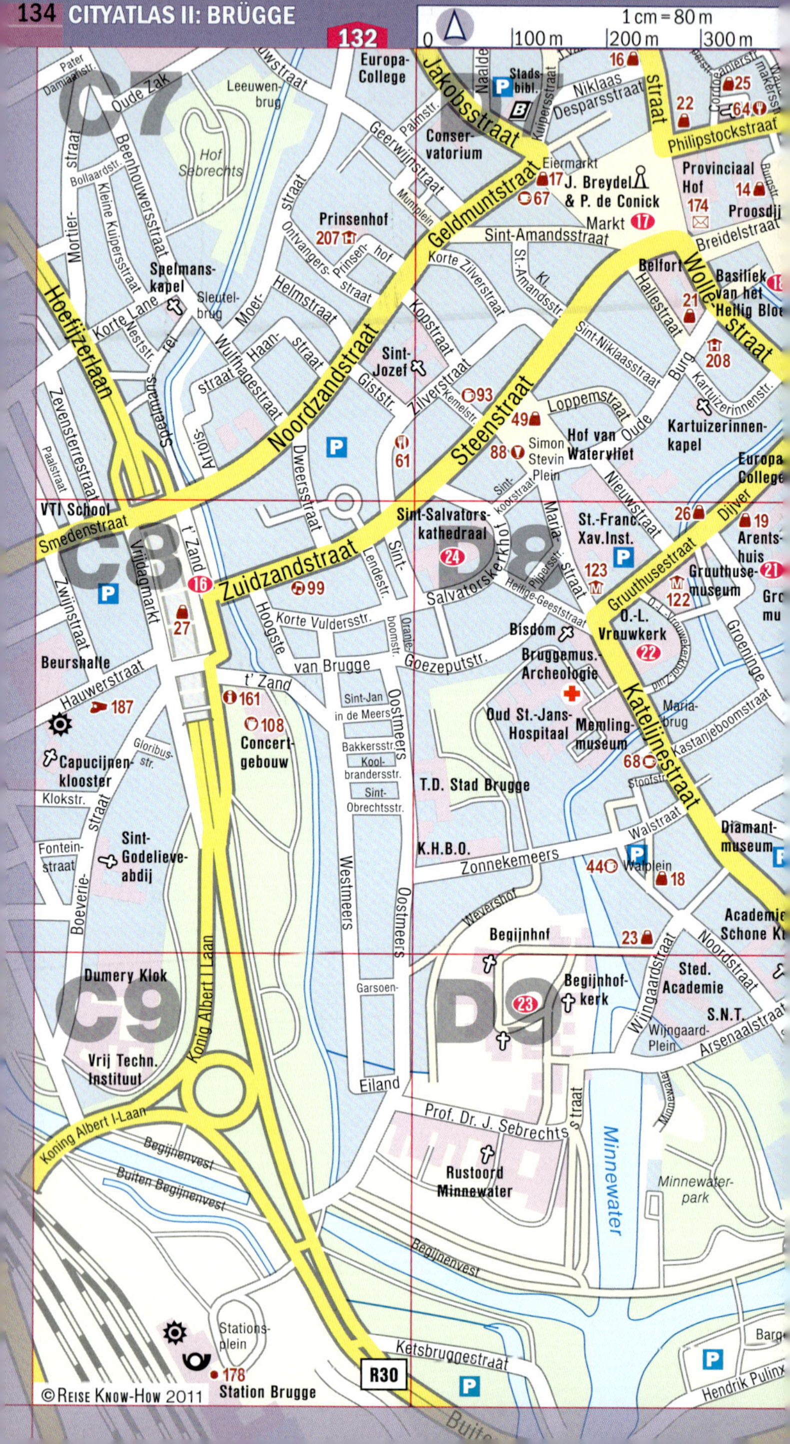

132
1 cm = 80 m
0 100 m 200 m 300 m
C7
C8
C9
D8
D9
Europa-College
Jakobsstraat
Stads-bibl.
Conser-vatorium
Geldmuntstraat
Prinsenhof
207
Hoefijzerlaan
Spelmans-kapel
Noordzandstraat
Sint-Jozef
Steenstraat
Markt 17
J. Breydel & P. de Conick
Belfort
Wollestraat
Basiliek van het Heilig Bloed
Provinciaal Hof
Philipstockstraat
Hof van Watervliet
Simon Stevin Plein
Kartuizerinnen-kapel
VTI School
Smedenstraat
Zuidzandstraat
Sint-Salvators-kathedraal
St.-Franc. Xav.Inst.
Arentshuis
Gruuthuse-museum
O.-L. Vrouwkerk
Bisdom
Bruggemus.-Archeologie
Oud St.-Jans-Hospitaal
Memling-museum
Katelijnestraat
Beurshalle
Capucijnen-klooster
Concert-gebouw
Sint-Godelieve-abdij
T.D. Stad Brugge
K.H.B.O.
Zonnekemeers
Diamant-museum
Begijnhof
Begijnhof-kerk
Sted. Academie
S.N.T.
Dumery Klok
Vrij Techn. Instituut
Koning Albert I-Laan
Rustoord Minnewater
Minnewater
Minnewater-park
Station Brugge
Stationsplein
Ketsbruggestraat
R30
Hendrik Pulinx

133
Hoogstraat
Langestraat
Brouwerij Gouden Boom
Heilige Familie
Predikherenrei
Provinciaal Museum het Brugse Vrije
Stadhuis
Rijkswacht
Sint-Vincentius-Inst.
Kerk van Jezus Chr. VD Heiligen der Laatse Dagen
Braambergstraat
Eekhoutstraat
Koningin Astrid Park
Heilig-Magdalenakerk
Garenmarkt
Nieuwe Gentweg
Gentpoortstraat
School
Kon. Techn. Atheneum
Regie der Gebouwen
Oude Gentweg
Gentpoort
Generaal Lemanlaan
R30
N337a
Buiten Boninvest
Kazernevest
Redemptoristinnen
Katelijnestraat
Buiten Gentpoortvest
Katelijnepoort
Buiten Katelijnevest
Baron Ruzettelaan
Edward de Denestraat
E7
F7
E8
F8
E9
F9

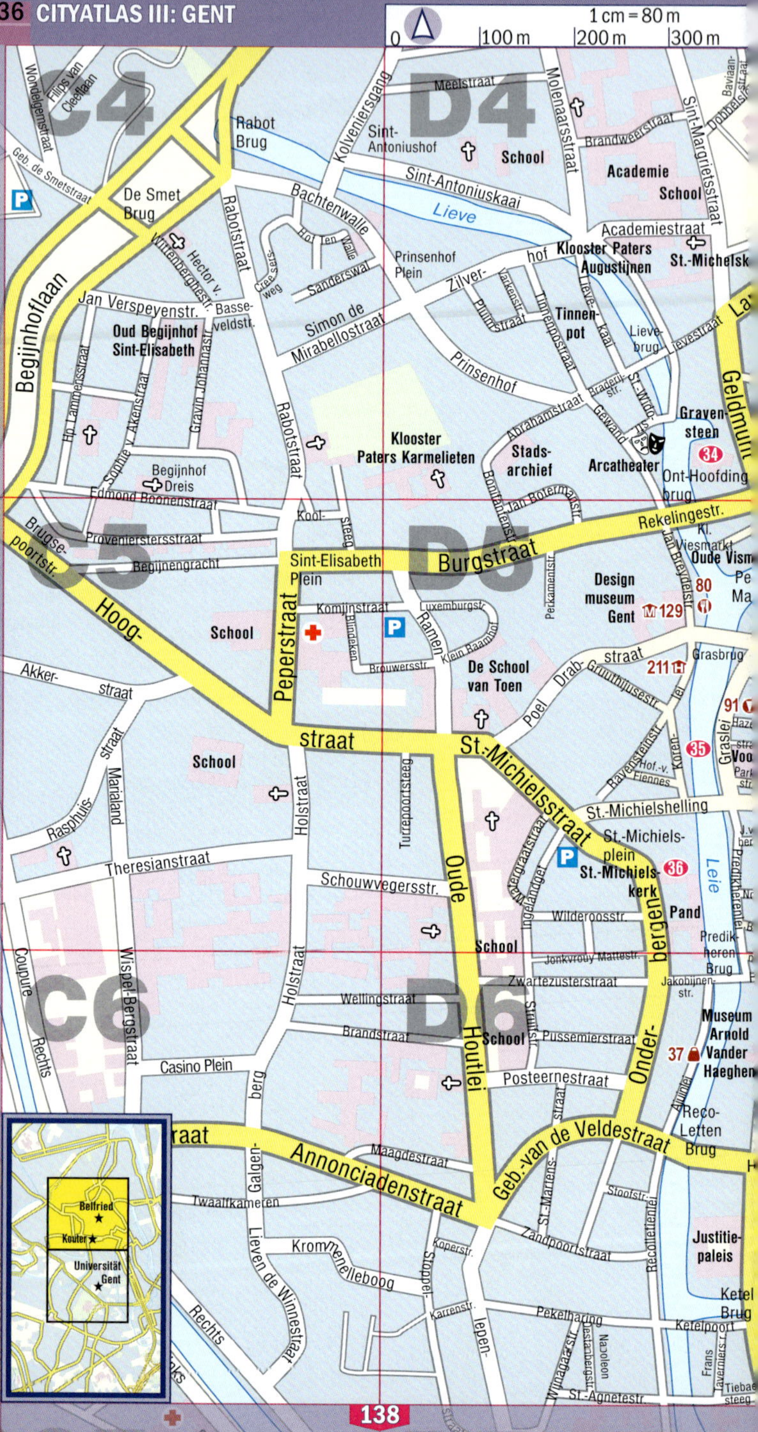

1 cm = 80 m
0
100 m
200 m
300 m
C4
D4
C5
D5
C6
D6
Wondelgemstraat
Filips van Cleeflaan
Geb. de Smetstraat
Rabot Brug
De Smet Brug
Begijnhoflaan
Kolveniersgang
Sint-Antoniushof
Meelstraat
School
Molenaarsstraat
Brandweerstraat
Sint-Margrietsstraat
Baviaanstr.
Dobbelsstraat
Academie
School
Sint-Antoniuskaai
Lieve
Bachtenwalle
Rabotstraat
Hector v. Wittenberghestr.
Hof ten Walle
Cree-sers-weg
Sanderswal
Prinsenhof Plein
Zilverhof
Academiestraat
Klooster Paters Augustijnen
St.-Michelsk
Jan Verspeyenstr.
Basseveldstr.
Simon de Mirabellostraat
Varkensstr.
Pluimstraat
Tinnenpotstraat
Tinnenpot
Lievekaai
Lievebrug
Lievestraat
Oud Begijnhof Sint-Elisabeth
Hp. Lammensstraat
Sophie v. Akenstraat
Gravin Johannastr.
Prinsenhof
Bradeurstr.
St.-Widostr.
Geldmunt
Abrahamstraat
Gewad
Gravensteen
34
Klooster Paters Karmelieten
Stadsarchief
Arcatheater
Ont-Hoofding brug
Begijnhof Dreis
Edmond Boonenstraat
Bonifantenstr.
Jan Botermanstr.
Koolsteeg
Rekelingestr.
Brugse-poortstr.
Proveniersstersstraat
Begijnengracht
Sint-Elisabeth Plein
Burgstraat
Kl. Viesmarkt
Oude Vism
Peperstraat
Komijnstraat
Luxemburgstr.
Perkamentstr.
Jan Breydelstr.
Design museum Gent
129
80
Hoog-straat
School
Blindeken
Ramen
Klein Raamhof
Brouwersstr.
Drabstraat
Gruuthusestr.
Grasbrug
Akkerstraat
De School van Toen
Poel
211
91
Hazel
Graslei
Korenlei
St.-Michielsstraat
35
Voo
School
Rasphuisstraat
Marialand
Holstraat
Turreporrtsteeg
Ravensteinstr.
Hof-v.-Fiennes
St.-Michielshelling
Theresianstraat
Oude Houtlei
Nedergraafstraat
Ingelandgat
St.-Michielsplein
St.-Michielskerk
36
Leie
Predikherenlei
Schouwvegersstr.
Wilderoosstr.
Pand
Predikheren Brug
School
Jonkvrouw Mattestr.
Coupure Rechts
Wispel-Bergstraat
Holstraat
Zwartezusterstraat
Jakobijnenstr.
Onderbergen
Wellingstraat
Brandstraat
School
Strijdstr.
Pussemierstraat
Museum Arnold Vander Haeghen
37
Casino Plein
Galgenberg
Posteernestraat
Reco-Letten Brug
Annonciadenstraat
Maagdestraat
Geb.-van de Veldestraat
Twaalfkameren
St.-Martensstr.
Stoofstr.
Recolettenlei
Kromme Elleboog
Koperstr.
Stoppelstraat
Zandpoortstraat
Justitiepaleis
Lieven de Winnestraat
Karrenstr.
Iepenstraat
Pekelharing
Ketelpoort
Ketel Brug
Coupure Rechts
Wijnaardstr.
Lieve Bergstr.
Napoleon
Frans Laurentstr.
Tiebaert steeg
St.-Agnetestr.
Belfried
Kouter
Universität Gent

138

E4
F4
E5
F5
E6
F6
Dobbelslot
Tichelrei
Rodelijvekens-straat
Sleepstraat
Achterlei
Hundelgemsesteenweg
Groenbriel
Nieuweland
Kongostraat
Grauwpoort
Steenstraat
Caermers-klooster
Vrouwebroersstr.
Oudburg
Sluizeken
Sluizekenkaai
Drongenhof
Zwaanstr.
Trommelstr.
Kalversteeg
Rodekoningsstr.
Sluize-kenstr.
Krommewal
Krommewal-brug
Willem de Beerstg
Minnemeers NTGent
Minnemeers
Minne-meers Brug
Blekerijstraat
Blekersdijk
Kopergietery
Oudevest
Museum voor Industri'le Archeologie en Textiel
Goudstraat
St.-Katelijnestr.
Gelukstraat
Baudelostr.
Baudelo-park
Leie
Reke
Kaai
Ottogracht
Raffinaderijstr.
Waaistraat
Garensteeg
Baudelostr.
Wolfstr.
St.-Amelbergastr.
Bibliotheekstraat
Rembert Dodoensdreef
Huis van Alijn
Groot Kanon
Groot Kanon Plein
Kraanlei
Vrijdag-markt
Sint-Jacobs-kerk
Steendaam
St.-Joris Brug
St.-Joriskaai
Beverhout-plein
St.-Jacobs-R.
Wijzemanstr.
Vlees Huis-brug
Langemunt
Onder-straat
Hof van Rijhove
Serpentstr.
Kammerstraat
Vlas Markt
Nieuw-poort-theater
De Rode Pomp
Nieuwpoort
Volmolen-straat
Groenten-markt
Historisch
Centrum
Koren-markt
Hoogpoort
Stad-huis
Schepenhuisstr.
Belfortstraat
Koningstraat
Academie
Zand-berg
Houtbriel
Kalver Markt
Gildestraat
St.-Jacobsnieuwestraat
Dolkersteeg
Botermarkt
Koninklijke Nederl. Schouwburg
Kwaadham
Jan Palfijnstr.
Postgebouw
St.-Niklaas-Kerk
Italiëniestraat
Klein Turkije
Gouden-leeuw-plein
Poelle-markt
Belfort
Emile Braun Plein
G. de Duivelhof
Sint-Baafs Plein
Kapittelstraat
Limburg-straat
Neder-polder
Bisschoppelijk Paleis
Hoofdkerkstr.
St.-Baafs kathedraal
Gebr. van Eykstraat
Keizer Karelstraat
Reep
Bisdom Plein
Bisdomkaai
Geeraard de Duivelsteen
Maaseikstraat
Magelein-str.
Niklasstraat
Bennesteeg
Kruisstr.
Voldersstraat
Hotel dÖHane-Steenhuyse
Aula van de Universiteit
Henegouwenstraat
Oranjeberg
Seminariestraat
Lieven Bauwens Plein
Prov. Huis
Notarisstraat
Vlaanderenstraat
Bonte Leeuwstr.
Universiteitstraat
Kouterdreef
Koestraat
Jodenstr.
Francois Laurent Plein
Lange Boomgaard
Pelikaanstraat
Zonnestraat
Vogel Markt
Brabantdam
Belgrado
Kouter Schouwburgstraat
Walpoortstraat
Hippoliet Lippensplein
Brabant-dam
Abeelstraat
Handels-beurs
Vlaamse Opera
Ketelvaart
Walpoort Brug
Minard-schouwburg
Kuiperskaai
Ketelvest
Ketelpoort
Savaan-straat
Kunsten-kwartier
Korianderstraat
Platteberg
Woodrow Wilsonplein
Oudescheldestraat
Zuidstatio
Jeruzalemstraat
139

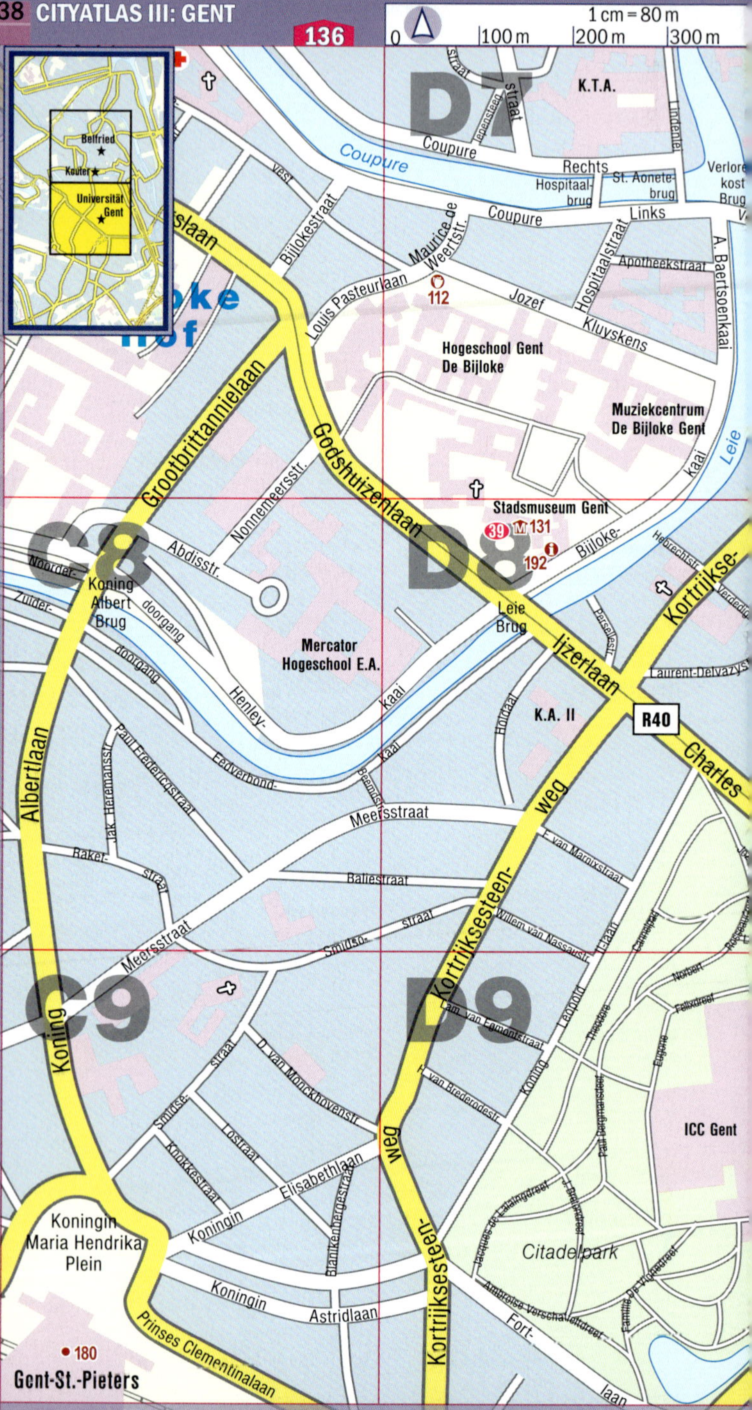
136
1 cm = 80 m
0
100 m
200 m
300 m
Belfried
Kouter
Universität Gent
D7
C8
D8
C9
D9
K.T.A.
Coupure
Rechts
Hospitaal-brug
St. Aonete-brug
Verlore kost Brug
Links
Lindenlei
Vest
Bijlokestraat
Maurice de Weertstr.
Louis Pasteurlaan
112
Jozef Kluyskens
Hospitaalstraat
Apotheekstraat
A. Baertsoenkaai
Hogeschool Gent De Bijloke
Muziekcentrum De Bijloke Gent
Leie
Grootbrittannielaan
Godshuizenlaan
Nonnemeersstr.
Stadsmuseum Gent
39
131
192
Bijloke-kaai
Abdisstr.
Noorder-doorgang
Zuider-doorgang
Koning Albert Brug
Mercator Hogeschool E.A.
Leie Brug
IJzerlaan
Kortrijkse-
Laurent-Delvazystr.
R40
Charles
K.A. II
Henley-kaai
Eedverbond-kaai
Paul Fredericqstraat
Jak. Heremansstr.
Albertlaan
Rakel-straat
Meersstraat
Baliestraat
Smidse-straat
Kortrijksesteen-weg
F. van Marnixstraat
Willem van Nassaustr.
Lam. van Egmontstraat
Leopold II-laan
van Brederodestr.
Koning
D. van Monckhovenstr.
Lostraat
Kookkestraat
Elisabethlaan
Blankenbergestraat
Koningin Maria Hendrika Plein
Koningin Astridlaan
Prinses Clementinalaan
180
Gent-St.-Pieters
Fort-laan
Citadelpark
ICC Gent
Paul Bergmansstraat
Ambroise Verschaffeltdreef
Jacques de Lalaingdreef
Familie De Vigneedreef
Theodore
Eugène
Norbert
Felixdreef
Camilledr.

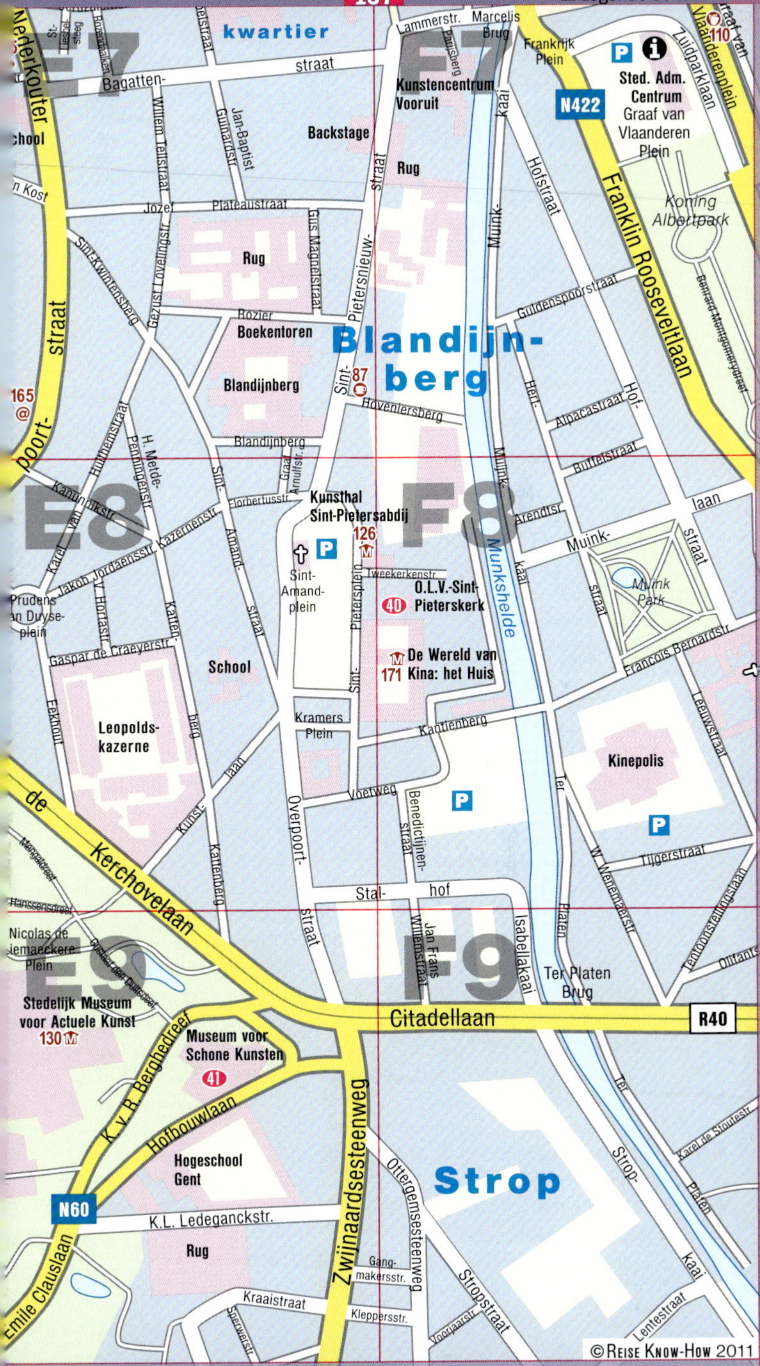
137
kwartier
Bagatten-
straat
Kunstencentrum Vooruit
Backstage
Rug
Frankrijk Plein
Sted. Adm. Centrum Graaf van Vlaanderen Plein
N422
Zuidparklaan
Franklin Rooseveltlaan
Koning Albertpark
Blandijnberg
Boekentoren
Rug
Blandijnberg
87
Hoveniersberg
Guldensporenstraat
Alpacastraat
Buffelstraat
Arendstr.
Muink-
Muinkpark
Munkshelde
Kunsthal Sint-Pietersabdij
126
Sint-Amand-plein
O.L.V.-Sint-Pieterskerk
40
De Wereld van Kina: het Huis
171
School
Leopolds-kazerne
Kramers Plein
Kantienberg
Voetweg
Kinepolis
Tijgerstraat
Stal-hof
Overpoort-straat
Kerchovelaan
Ter Platen Brug
Isabellakaai
Citadellaan
R40
Stedelijk Museum voor Actuele Kunst
130
Museum voor Schone Kunsten
41
Hofbouwlaan
Hogeschool Gent
N60
K.L. Ledeganckstr.
Rug
Zwijnaardsesteenweg
Ottergemsesteenweg
Strop
Stropstraat
Kraaistraat
Kleppersstr.
Emile Clauslaan
165
110
E7
F7
E8
F8
E9
F9
© Reise Know-How 2011

LEGENDE DER KARTENEINTRÄGE

Antwerpen (Cityatlas I)

1 [I H7] Centraal Station S. 51
2 [I I7] Zoo Antwerpen S. 52
3 [I H8] Diamantenviertel S. 52
4 [I G7] Einkaufsmeile De Keyserley – Leysstraat – Meir S. 54
5 [I F7] Rubenshaus (Rubenshuis) S. 55
6 [I E7] Groenplaats S. 56
7 [I E6] Liebfrauenkathedrale (Onze-Lieve-Vrouwekathedraal) S. 56
8 [I E6] Handschoenmarkt S. 57
9 [I E6] Grote Markt S. 57
10 [I D6] Schelde-Ufer: Steen und Sankt-Anna-Tunnel S. 58
11 [I E7] Modeviertel Nationalestraat mit ModeNatie S. 59
12 [I D7] Museum Plantin-Moretus S. 61
13 [I D9] Museumsviertel Het Zuid S. 62
14 [I D9] Königliches Museum der Schönen Künste S. 62
15 [I F5] Museum aan de Stroom (MAS) und Szeneviertel 't Eilandje S. 63
1 [I E7] Grand Bazar Shopping Centre S. 15
2 [I G7] Stadsfeestzaal S. 15
3 [I F7] Coccodrillo S. 16
4 [I F7] De Slegte S. 16
5 [I E7] De Vagant Slijterij S. 16
6 [I E7] Episode S. 16
7 [I E7] Hoedensalon CRZ S. 16
8 [I E7] Renaissance S. 16
9 [I E6] Antiquitätenmarkt auf dem Lijnwaadmarkt S. 16
10 [I D7] Antiquitätenmarkt St.-Jansvliet S. 16
11 [I G8] Markt am Oude Vaartplaats und Theaterplein S. 16
12 [I E7] Trödelmarkt auf dem Vrijdagmarkt S. 16
40 [I E7] Fritkot Max S. 24
42 [I G7] Grand Café Horta S. 25
43 [I G11] Brauerei De Koninck S. 26
45 [I C10] Hausbrauerei 't Pakhuis S. 26
47 [I F7] Burie S. 28
48 [I F7] The Chocolate Line S. 28
51 [I E9] Ciro's S. 27
52 [I E8] Huis de Colvenier S. 27
53 [I E5] Lux S. 29
54 [I D9] Fiskebar S. 29
55 [I D9] Glenns S. 29
56 [I E7] Het Dagelijke Brood S. 29
57 [I E7] Lombardia S. 29
58 [I G7] Caffénation S. 29
59 [I F7] De Foyer S. 29
75 [I F4] 't Zilte S. 27
78 [I D9] Kommilfoo S. 29
90 [I E6] Cocktailbar Nine S. 33
95 [I E5] Cafe d'Anvers S. 33
96 [I M6] Muziekcentrum Trix S. 34
97 [I H1] Noxx S. 34
102 [I E7] Absinthbar S. 34
104 [I F4] Koninklijk Ballett van Vlaanderen S. 35
105 [I G7] Stadsschouwburg S. 35
106 [I H7] Vlaamse Opera S. 35
114 [I I7] Diamantenmuseum Provinz Antwerpen S. 37
115 [I G7] Koningin FabiolaZaal S. 37
116 [I E7] Modemuseum MoMu S. 38
117 [I F7] Museum Mayer van den Bergh S. 38
118 [I C9] Museum van Heedendaagse Kunst (MuHKA) S. 39
119 [I F6] Rockoxhuis S. 39
140 [I H8] HRD Antwerp S. 53
141 [I H7] Diamondland S. 54
142 [I G6] Sankt Jakobuskirche S. 56
143 [I D9] Ann Demeulemeester S. 61
144 [I E7] Het Modepaleis S. 61
145 [I E7] Walter (van Beirendonck) S. 61
146 [I D7] St. Andreaskirche (St. Andrieskerk) S. 61
147 [I F4] Hafenrundfahrten mit Flandriaboat S. 64
160 [I E6] Toerisme Antwerpen S. 97
@163 [I E6] 2 zones S. 98

•169 [I H7] Aquatopia S. 99
✉173 [I H8] Hauptpost Antwerpen S. 100
•176 [I D6] De Windroos S. 101
•177 [I D7] De Ligfiets S. 101
182 [I F5] Hessenhuis S. 102
185 [I E5] Red&Blue S. 102
186 [I K8] Polizei Antwerpen S. 102
189 [I H4] Park Spoor S. 103
194 [I I8] ETAP Hotel Antwerpen City S. 107
195 [I G5] Express by Holiday Inn Antwerp City-North S. 107
196 [I I8] Lindner Hotel & City Lounge Antwerpen S. 107
197 [I I7] Park Inn Antwerpen S. 107
198 [I I7] Radisson Blu Astrid Hotel S. 108
199 [I F12] Ramada Plaza S. 108
200 [I D10] Rubenshof S. 108
201 [I M9] Scandic Antwerpen S. 108
216 [I D3] Camping De Molen S. 109

Brügge (Cityatlas II)

16 [II C8] 't Zand S. 66
17 [II D7] Markt mit Belfried und Tuchhalle S. 67
18 [II D7] Heilig-Blut-Basilika S. 68
19 [II E7] Rathaus (Stadhuis) S. 69
20 [II E7] Rozenhoedkaai S. 69
21 [II D8] Groeninge Museum S. 72
22 [II D8] Liebfrauenkirche S. 72
23 [II D9] Minnewater und Beginenhof S. 73
24 [II D8] Kathedrale St. Salvator S. 74
25 [II D6] Jan van Eyckplein S. 75
26 [II F6] Rund um die Jerusalemkirche S. 76
13 [II E7] 2be S. 17
14 [II D7] 3 D Chic (Crystal Symphonies) S. 17
15 [II F6] Den Elder S. 17
16 [II D7] Eyewear Shop Hoet S. 17
17 [II D7] Frederiek van Pamel S. 17
18 [II D8] Käthe Wohlfahrt S. 17
19 [II D8] Museumshop Arentshof S. 17
20 [II F6] Kantzentrum S. 19
21 [II D7] Irma S. 19
22 [II D7] Kantjuweeltje S. 19
23 [II D8] Lace Paradise S. 19
24 [II F6] 't Apostelientje S. 19
25 [II D7] Whiskyhuis S. 17
26 [II D8] Floh- und Antiquitätenmarkt am Dijver S. 17
27 [II C8] Zandfeesten, 't S. 17
41 [II E7] Den Dyver S. 25
44 [II D8] Hausbrauerei De Halve Maan S. 26
49 [II D7] The Chocolate Line S. 28
60 [II E7] Erasmus S. 30
61 [II C7] Restaurant Patrick Devos S. 30
62 [II E6] Sint Barbe S. 30
63 [II C6] De Bretoen S. 30
64 [II D7] Het Dagelijks Brood S. 30
65 [II D6] Trium Trattoria S. 31
66 [II H6] De Lotus S. 31
67 [II D7] De Medici Sorbetiere S. 31
68 [II D8] Teesalon De Proeverie S. 31
76 [II E7] Wine Dine Pergola Kaffee S. 27
79 [II E7] Restaurant 't Pandreitje S. 29
81 [II E7] 't Gulden Vlies S. 32
88 [II D7] Jerrys Cigar Bar S. 33
93 [II D7] 't Brugs Beertje S. 33
94 [II E7] Wijnbar Est S. 33
98 [II F4] Bistro du Phare S. 34
99 [II C8] Joey's Café S. 34
100 [II F6] Rock-Café The Crash S. 34
107 [II A9] Cactus Muziekcentrum S. 36
108 [II C8] Concertgebouw S. 36
109 [II D6] Stadsschouwburg S. 36
120 [II D6] Choco-Story S. 39
121 [II D6] Frietmuseum S. 39
122 [II D8] Gruuthuse-Museum S. 39
123 [II D8] Memling in Sint-Jan S. 39
124 [II F6] Musem voor Volkskunde (Volkskundemuseum Brügge) S. 40
148 [II F6] Sankt-Anna-Kirche (Sankt Annakerk) S. 77
161 [II C8] Toerisme Brugge, 't S. 97
@164 [II F6] Bauhaus S. 98

172 [II C4] Speeldorp (Spieldorf) S. 100
174 [II D7] Hauptpost Brügge S. 100
178 [II C9] Bahnhof Centraal S. 101
179 [II F6] Bauhaus Bike Rental S. 101
183 [II E8] Boléro S. 102
187 [II C8] Polizei Brügge S. 102
191 [II E7] Het Hemelhuis S. 103
202 [II C6] Asinello S. 108
203 [II F6] Bauhaus International Youth Hotel S. 108
204 [II E7] Die Swaene S. 108
205 [II E7] Hotel Erasmus S. 108
206 [II E8] Hotel Ibis Brugge Centrum S. 108
207 [II C7] Kempinski Hotel Dukes' Palace S. 108
208 [II D7] Martin's Brugge S. 108

Gent (Cityatlas III)

27 [III F5] St. Bavo (St. Baafs-kathedraal) S. 79
28 [III E5] Sint-Baafsplein S. 82
29 [III E5] Belfried S. 82
30 [III E5] Tuchhalle (Lakenhalle) und Rathaus (Stadhuis) S. 83
31 [III E5] Werregarenstraat S. 83
32 [III E4] Vrijdagmarkt (Freitagsmarkt) S. 84
33 [III E4] Kraanlei und Patershol S. 85
34 [III D4] Burg Gravensteen S. 85
35 [III D5] Korenlei und Graslei S. 86
36 [III D5] Michaelskirche S. 87
37 [III E5] Korenmarkt und Nikolauskirche S. 88
38 [III E6] Veldstraat und Kouter S. 88
39 [III D8] Stadtmuseum Gent S. 89
40 [III F8] St. Peterskirche und Universitätsviertel S. 89
41 [III E9] Museum für Schöne Künste im Citadelpark S. 90
28 [III F6] Eva Bos S. 19
29 [III E5] Groot Vleeshuis S. 19
30 [III E5] Mosterdfabriek Tierenteyn-Verlent S. 19
31 [III E5] Suite S. 19
32 [III E5] 't Dreupelkot S. 19
33 [III E4] Temmerman S. 19
34 [III E5] Zsa Zsa Rouge S. 20
35 [III E5] Biolebensmittel S. 20
36 [III E6] Blumenmarkt S. 20
37 [III D6] Büchermarkt S. 20
38 [III F4] Flohmarkt S. 20
39 [III F5] Haustier- und Fahrradmarkt S. 20
46 [III F6] Stadtbrauerei Gruut S. 26
50 [III E5] Chocolatier L. van Hoorebeke S. 28
69 [III F6] Borsalino-San Marino S. 31
70 [III E5] Brasserie Bridge S. 31
71 [III E4] De Blauwe Zalm S. 31
72 [III E4] Restaurant Bij den Wijzen en den Zot S. 31
73 [III E4] Barista S. 31
74 [III E5] Etablissement Max S. 31
77 [III E5] Brasserie De Foyer S. 27
80 [III D5] Restaurant Korenlei Twee S. 29
82 [III F6] Martino S. 32
83 [III E5] Marco Polo Trattoria S. 31
84 [III E4] Soup Lounge S. 31
85 [III E7] Greenway Foods S. 32
86 [III E5] Huize Colette S. 32
87 [III E7] Quetzal S. 32
91 [III D5] Belga Queen Cigar Lounge S. 33
92 [III E5] Pink Flamingo's S. 33
101 [III F5] Charlatan S. 35
103 [III H1] Culture Club S. 35
110 [III F7] Capitole S. 36
111 [III E6] Handelsbeurs Konzertsaal S. 36
112 [III D7] Musikzentrum De Bijloke S. 36
113 [III E6] Vlaamse Opera Gent S. 36
125 [III E4] Huis van Alijn (Volkskundemusem Gent) S. 40
126 [III E8] Kunsthalle St. Petersabtei S. 40
127 [III A2] Museum Dr. Guislain Geschichte der Psychiatrie (Außenseiterkunst) S. 40
128 [III F4] Museum für Industrie-Archäologie und Textil (MIAT) S. 40

129 [III D5] Museum voor Sierkunsten (Designmuseum Gent) S. 40
130 [III E9] S.M.A.K. Gent S. 40
162 [III E5] Toerisme Gent S. 97
@165 [III E7] The Globetrotter S. 98
168 [III E12] Universitätsklinik Gent S. 98
171 [III F8] „De Wereld van Kina“ S. 99
175 [III E6] Hauptpost Gent S. 100
•180 [III C9] Bahnhof St. Pieters S. 101
•181 [III F4] Biker S. 101
•184 [III E5] Casa Rosa S. 102
188 [III B6] Polizei Gent S. 102
192 [III D8] Gidsenbond Gent Königlicher Fremdenführerverband von Gent und Ostflandern S. 104
193 [III E4] Vizit S. 104
209 [III E5] Chambreplus S. 108
210 [III B4] Ecohostel Andromeda S. 108
211 [III D5] Gent Marriott Hotel S. 109
212 [III F4] Hostel 47 S. 109
213 [III E4] Hotel Harmony S. 109
214 [III E5] Hotel Ibis Gent Centrum St. Baafs Kathedraal S. 109
215 [III E5] NH Gent Belfort S. 109

Hier nicht aufgeführte Nummern liegen außerhalb der abgebildeten Karten. Ihre Lage kann aber wie bei allen im Buch vorkommenden Ortsmarken mithilfe des Internet-Kartenservice Google Maps™ lokalisiert werden (s. Umschlagklappe).
Die GPS-Daten aller im Buch beschriebenen Örtlichkeiten stehen außerdem auf der Produktseite dieses CityTrip-Titels unter www.reise-know-how.de zum kostenlosen Download bereit.

BRÜGGE, BLATTSCHNITT